# 新しい学力

齋藤 孝
Takashi Saito



Eurus
Notus
Boreas
Zephyrus

岩波新書
1628

# はじめに――「学力」の曲がり角

学力を伸ばす。多くの人にとって、切実な課題であろう。小学校に始まり大学に至る学校生活の中で、私たちはつねに学力をはかられ続ける。この学力というのは、生徒や学生本人にとってはもちろん、子どもを持つ親にとっても重要な問題である。あるいは学校生活とはすでに関わりのない一般の社会人にとっても、学歴という形で、そして基本的な知識や思考力など本人の実力の一面という形で、影響を及ぼし続ける。

さらに大きくいえば、国民の学力レベルがどの程度かということは一つの国の在り方にも関わってくる。国際的な学力評価において日本が何位か、というニュースはつねにメディアを賑わす。そういう意味では、ほとんどの人が何らかの形で「学力」に関わり、また関心を持っている。

しかしいま、この学力の在り方が形を変えようとしている。「学力を伸ばす」ことによって目指すべき「目標」が、変わってきているのだ。

それはひと言でいえば、「伝統的な学力」から、「問題解決型」の能力を中心とする、いわゆる「新しい学力」へのシフトである。「伝統的な学力」とは、従来の、ペーパーテストではかられるような知識重視・暗記中心型の学力をいう。これに対して、「二十一世紀型学力」などと呼ばれることもある「新しい学力」とは、日常生活や仕事などにおいて、それぞれの人が日々出会う「課題」を解決するために必要な、思考力・表現力・判断力等を主とする力をいう。

いま教育現場に求められているのは、この「新しい学力」を伸ばし育てることである。社会全体がグローバル化し、変化が激しくなる中で、柔軟な思考力で課題に対応し、自らの発想によって意欲的に道を切り開く、そんな人材を育てることが主眼となってきているといえよう。

「ゴール」が変われば、そこに向かう準備としての学習の仕方も変わってくる。その最大の潮流は、「アクティブ・ラーニング」と呼ばれる学習方法の採用であろう。

「アクティブ・ラーニング」とは、活動的で積極的な意識を持って、他者と対話しながら自分の意見を形成していくタイプの学習方法であるが(詳しくは後述)、今後の新しい学力、つまり問題解決型の学力育成は、この学習方法の授業などへの導入とセットになって、教育界の一大ブームとなっていくことが予想される。それにともなって大学入試の在り方も、記憶力だけでなく、問題解決型の思考力を問うものが増えることが予想される。

ことに今後の大きな画期となるのは、二〇二〇年に予定されている学習指導要領の改訂である。例えば二〇一六年八月二日の新聞各紙では、文部科学大臣の諮問機関である中央教育審議会(以下、中教審)の答申として、二〇二〇年以降の小中高校授業への「アクティブ・ラーニング」の導入、小学校授業への英語教科の導入、また高校歴史での新科目設置などが、大きく報道された。

小学校から高校までの教育内容が大きく変われば、当然それにともなって大学入試も大きく変化する。学校や塾の中には「変化は始まっている」と、すでに新学習指導要領を見すえたカリキュラムを導入しているところもあり、「二〇二〇年問題」などという言われ方をすることもあるように、学力の在り方は、大きな曲がり角を迎えているのである。

しかし、その前にまずここで一度落ち着き、立ち止まって考えてみたい。本当にこれまでの教育ではダメであったのか。問題解決型の学力重視の教育に転換して、効果が出る保証はあるのか。私たちにはまず現在の教育を検証し、総合的な観点から次世代の教育を考える責任がある。

私が心配しているのは、問題解決型の学力やアクティブ・ラーニングが強調されるあまり、教師や親が浮足立ち、子どもたちが本当に意味のある学力を身につけ損なうという事態が起こりうることである。アクティブというイメージに引きずられ、その形式や手法をただ真似たからといって、学力が向上するとは限らない。むしろ低下することも十分考えられる。「新しい学習理論では、アクティブ・ラーニングが有効とされる」「アメリカなどの諸外国ではアクティブ・ラーニングが重視されている」などの意見を単純に鵜呑みにして、新たな学習方法の導入に気を取られ、従来の伝統的な学力が持っていた長所を失うのは非常に惜しいことである。

私はこの新しい潮流に反対しているわけではない。私自身が大学で行なっている授業はアクティブどころかスーパーアクティブともいえる激しく活性化したスタイルであり、アクティブ・ラーニングの重要性は熟知している。学習者が自分の頭で考え自分の意見を効果的に述べることができるようになるまで、しっかりトレーニングをさせる。これは教師として当然の責務である。だが、アクティブ・ラーニングという手法の単なる真似事を皆がこぞってやりだし、かえって学力が低下するというのでは、あまりに馬鹿げているではないか。

時代の流れを考えれば、問題解決型の思考力や積極的な学習の仕方を身につけるのが必要なのは明らかである。しかしそうした「新しい学力」に真に求められるものは何か、それをいかにして身につけるかを、この本では問題にしていく。

一つ先取りして言えば、重要なポイントは、新しい学力と伝統的な学力の、よい形での融合であると私は考えている。問題解決型の新しい学力の本質を皆が理解し、効果的な教育方法を実践できるようになること。そして伝統的な学力と新しい学力を統合した学習スタイルを確立していくこと。

教育方法を専門とする教育学者の立場から、これらを国家百年の計として、この本で提示したい。

# 目次

# 第一章　「新しい学力」とは何か

## 1　「新しい学力」登場の流れ

### 「伝統的な学力」と「新しい学力」

ある程度以上の年齢の方にとっては、学力とは「テストではかられるもの」であり、そのテストとはペーパーテストで、「教科書を丸暗記すればある程度の点が取れる」ものだったのではないだろうか。教科書の内容に象徴されるような、体系的にまとめられた知識を記憶し、再生できる力を基本とする学力。本書ではこうした学力を「伝統的な学力」と呼ぶ。

これに対して、「新しい学力」とは、課題を解決するために必要な思考力・表現力・判断力を中心とした学力を指す。いわば、教科書がなくても、自分で主体的に問題を発見し、解決策を考え、それを人に伝えて共有し、最終的な判断を下していく力。「問題解決型」と呼ばれることも多いその学力の在り方は、今(二〇一六年)からおよそ三十年ほど前、教育界で本格的に話題となり始めた。

### 文部省が出した「新しい学力観」

大きなきっかけとなったのは、平成元(一九八九)年に文部省(現、文部科学省)が示した学習指導要領の改訂である。「学力とは何か」ということについては、昔から様々な意見があったが、平成元年告示の学習指導要領において、文部省は「新しい学力観」を提唱した。そこでは、教科書を丸暗記すれば満点が取れるような「記憶力中心の知識偏重の教育」と対比すべきものとして、「自ら学ぶ意欲の育成や思考力、判断力などの育成に重点を置く」学力観が提唱された。

文部省の言によれば、その背景には、社会の変化に対応できる人間を育てたいという意図がある。情報化、国際化、価値観の多様化、核家族化、高齢化など、現実の社会は大きな変化に直面しており、これにともなって子ども自身の生活や意識も変化してきている。これらの変化に対応する力を、学力として位置づけたいということである。

評価の観点としては、自ら学ぶ意欲、思考力、表現力、判断力などが重視される。そして各科目の評価にあたっては、「関心・意欲・態度」「思考・判断」「知識・理解」といった観点別に学習状況を評価することが目指されるようになった。

## 「生きる力」の定義

こうして生まれた「新しい学力観」を引き継いだのが、「生きる力」という概念である。この用語は、平成八(一九九六)年の中教審答申「二十一世紀を展望した我が国の教育の在り方について」で最初に使われるようになった。ここでの「生きる力」とは、変化の激しい社会を担う子どもたちに必要な力であり、「いかに社会が変化しようと、自分で課題を見つけ、自ら学び、自ら考え、主体的に判断し、行動し、よりよく問題を解決する資質や能力であり、また、自らを律しつつ、他人とともに協調し、他人を思いやる心や感動する心など、豊かな人間性」や、「たくましく生きるための健康や体力」を備えたものであるとされる。

この答申を踏まえて、学校教育の基本は「生きる力」の育成におかれるようになり、その後この理念は法的にも明確にされるようになった。

例えば平成十八(二〇〇六)年改正の教育基本法においては、新たに教育の目標等が規定された。同法第二条は、知・徳・体の育成(第一号)、個人の自律(第二号)、他者や社会との関係(第三号)、自然や環境との関係(第四号)、日本の伝統や文化を基盤として国際社会を生きる日本人(第五号)、という観点から具体的な教育の目標を新たに定めている。

さらに、平成十九(二〇〇七)年改正の学校教育法では、第三十条第二項で、学校教育においては「生涯にわたり学習する基盤が培われるよう、基礎的な知識及び技能を習得させるとともに、これらを活用して課題を解決するために必要な思考力、判断力、表現力その他の能力をはぐくみ、主体的に学習に取り組む態度を養うことに、特に意を用いなければならない」と規定されるようになった。これは、小学校、中学校、高等学校すべての教育に関し適用ないし準用されている。

こうして法律的に見直された「学力」概念においては、①基礎的・基本的な知識・技能、②知識・技能を活用して課題を解決するために必要な思考力・判断力・表現力、③学習意欲、の三要素が主要な構成要素となっていることがわかる。

## 「生きる力」とは主体的・意欲的な思考力

これらの法改正を前提として、平成二十(二〇〇八)年の中教審答申でも、「生きる力」の育成が中心に据えられている。ここでも「生きる力」とは「変化が激しく、新しい未知の課題に試行錯誤しながらも対応することが求められる複雑で難しい時代を担う子どもたちにとって、将来の職業や生活を見通して、社会において自立的に生きるために必要とされる力が「生きる力」である」とされ、これは先述の平成八年中教審答申での定義を基本的に引き継ぎ、敷衍《ふえん》したものといえる。

平成二十三(二〇一一)年の中教審答申では、「生きる力」を育成するにあたっては、他者、自然、社会との関わりの中で意欲を育むことや、体験活動を充実させていくこと、コミュニケーションの基礎となる言語活動など、実際に社会を生きていく力として必要な資質を育てていくことが重視されている。

根本的な考え方としては、現存の各教科の重要性を認めつつ、現実の社会に対応できる力、現代社会を生き抜く実践力を身につけさせることを狙いとしている。具体的には、人間関係形成・社会形成能力(多様な他者の考えや立場を理解し、自分の考えを伝えることができるとともに、他者と協働して社会に参画し、社会を形成していく力)、自己理解・自己管理能力(自己の可能性や希望について肯定的に理解し、主体的に行動しつつ、社会との相互関係を保ち自らの思考や感情を律する力)、課題対応能力(自ら課題を発見し、課題処理のために計画立案し解決する力)、キャリアプランニング能力(「働くこと」の意義を理解し、情報を取捨選択しながら主体的にキャリアを形成していく力)といった能力が社会に対応できる力であるとされる。

学習指導要領においても、先述の平成元年以降も、平成二十年までの合計三度に及ぶ改訂の中で、「新しい学力観」に基づく学習の方向性を示す文言がみられるようになる。

平成十年の指導要領では「生きる力」という目標が明記され「自ら学び自ら考える力」の養成を目的とするようになる。そして平成二十年には「基礎的・基本的な知識及び技能を確実に習得させ、これらを活用して課題を解決するために必要な思考力、判断力、表現力その他の能力をはぐくむ」「主体的に学習に取り組む態度を養い、個性を生かす」「学習習慣が確立するよう配慮」というように、より具体的に「新しい学力観」を規定するようになる。

この流れは現在に至るまで受け継がれているが、ひと言でまとめれば、従来の「伝統的な学力」育成では得られなかった、「問題解決型学力」が共通の目標とされているといってよい。

### なぜ新しい学力が求められるのか

このように、「新しい学力観」が提示され、修正を加えられつつも教育の目標として堅持されてきている背景には、次のような見方があるだろう。

第一に、現代社会に生きる人々は、必然的に「変化の中に生きる社会的存在」としてあらねばならないということがある。変化の激しい社会では、様々な情報をもとに他者と協働して課題を解決する力が必要となる。

固定化した社会であれば、固定化した知識を継承することで社会の再生産が可能になるし、それによってその社会に生きる人々の生活も安定する。しかし変化が激しい複雑な社会になると、継承すべき知識自体が変化してくる。この変化する状況や知識に対応しなければならない。そのために、平和で民主的な国家及び社会の形成者として求められる力、生産・消費等の経済的主体として求められる力、多様な情報や情報手段を主体的に活用するために求められる情報処理の力、物事を多角的・多面的に吟味するクリティカル・シンキングの力など、様々な力を育てることが必要とされるのである。

第二に、グローバル化する社会に対応する必要が生じていることがある。そのため、言語や文化に対する理解を深め自国語で表現する力、外国語を理解し表現する力が求められる。そして、身につけた言語能力をツールとして、古典・芸術等の日本文化を理解し伝承するとともに、異文化を理解し、異文化をバックグラウンドに持つ人々と協働していく力が求められる。

本書でこれからみていくように、「新しい学力」としての「問題解決型学力」には、「伝統的な学力」と違って、その学習方法や評価の仕方においてまだまだ未知の問題が数多くある。しかし「新しい学力」を求める流れが今後の学力観の中心であり続けることは、おそらく確定的なものである。国際的にも、この問題解決型の学力を求めることが、明確に共有されているからである。

その方向性は、例えば「ＰＩＳＡ型学力」の重視にはっきりと現れている。ＰＩＳＡ型学力とは何か、節を改めてみていくことにしよう。

## 2 「ＰＩＳＡ型」「問題解決型」の学力とは

### 「ＰＩＳＡ型学力」とは

「ＰＩＳＡ型学力」のＰＩＳＡとは、Programme for International Student Assessment（国際生徒評価のためのプログラム）の略で、ＯＥＣＤ（経済協力開発機構）加盟国による生徒の学習到達度調査である。ＰＩＳＡ調査は、義務教育修了段階の十五歳児が持っている知能や技能を、その能力を活かして実生活でどれほど活躍できるかという基準でみるものである。これは特定の学校で行なわれるカリキュラム習得をみるものではなく、思考プロセスの習得、概念の理解、色々な状況の中でそうした能力を発揮できるかが調査の対象となっている。

主要調査分野は「読解力」「数学的リテラシー」「科学的リテラシー」の三分野であり、三年ごとのサイクルで、このうちのどれか一分野を中心分野として調査が実施されている(残りの二分野については概括的な状況調査のみが行なわれる)。二〇〇〇年には読解力、二〇〇三年には数学的リテラシー、二〇〇六年には科学的リテラシー、二〇〇九年には再び読解力についての調査が行なわれた。二〇一二年にはオプションとして、コンピューターを使用した「デジタル数学的リテラシー」「デジタル読解力」「問題解決能力」の調査も実施されている。

**OECDの定義**

ではここでいう「問題解決能力」とは、どういうものだろうか。例えば、問題解決能力の定義として、OECDがPISA二〇一二年調査の実施にあたって作成した資料には次のように示されている。

「問題解決能力とは、解決の方法が直ぐには分からない問題状況を理解し、問題解決のために、認知的プロセスに関わろうとする個人の能力であり、そこには建設的で思慮深い一市民として、個人の可能性を実現するために、自ら進んで問題状況に関わろうとする意志も含まれる」。

ここでは、問題解決に向かう意欲それ自体が能力として評価されていることが注目される。これは、ＰＩＳＡ二〇〇三年調査においてはみられなかった文言である。

まずはこの文言のいわんとするところをよく理解しておこう。

最初に、ここで述べられている「問題状況」とは、問題解決に必要な全ての情報が与えられているか否かによって二種類に分けられる。必要な情報が全部は与えられていない場合、これは「相互作用的」な問題状況と呼ばれ、解答者は自ら問題解決に必要な情報を収集することも求められる。一方、必要な情報が全て与えられている場合は、「静的」な問題状況と呼ばれ、ここでは問題解決のために情報を活用する能力が求められる。

次に「認知的プロセス」は、四つに分類される。一つ目が「探究・理解」。これは、問題状況を観察し、情報を探究して何が問題となっているかを正確に把握することである。二つ目が、「表現・定式化」の過程。これは、自己が「探究・理解」した問題状況を表やグラフ、言語等で表現することである。三つ目に、「計画・実行」の段階。これは、問題解決のために大小の目標を設定し、そのための計画または方法を決定し、実行することである。最後に、「観察・熟考」。これは問題解決へ至るそれぞれの段階・過程を観察し、予期せぬ事態に対しても適切な対処を行なったり、解決に至る方法を自分で他の方法と比較するなどして評価することである。

さらに、ここで解決を問われる「問題」は、以下の二つの文脈に沿って、現実世界に位置づけられるという。その文脈とは、第一に、テクノロジーに関することか、そうではないかという「状況」によって。例えばテクノロジーに関する問題とは、電子機器等の使用のために機器の機能を調べ理解することであり、問題解決の手段としてのツールを使いこなす能力ともいえる。一方、非テクノロジー的な問題とは、目的地までの経路決定、スケジュール作成等、機器を直接には用いずに解決することが予定される問題である。

第二の文脈としては、「用途」によって問題が分別される。自己、あるいは家族・友人に関わる私的用途であるか、地域社会等、社会に関わる用途であるかによって、「問題」は位置づけられるのである。

## 「おそうじロボット」問題

具体的な設問をみてみよう。PISA二〇一二年調査では、「おそうじロボット」に関する問題が出題された。

まず出されたのは、パソコンの画面上でロボット型の掃除機を動かし、障害物にぶつかる様子を見て動きの規則性を把握し、そこから、一定の状況で掃除機がどのような動きをするかを考えさせる問題である。これは、先述の枠組みに従えば、解決に必要な情報はすでにロボットの動きを示すことで与えられているから、「静的」な問題状況であるといえる。認知的プロセスにおいては、現実にある状態を把握することに主眼が置かれているので、これは「探究・理解」についてのものである。そして、問題状況は「テクノロジー」、用途は「社会的」なものである。

これに続いて、掃除機が動かすブロック(障害物)の数を答えさせたり、ブロックに当たったときの動きの規則性を書かせたりする問題が出題される。最後の記述式問題は、問題解決のプロセスとしての「表現・定式化」の能力を問うものであり、ロボットの動きの規則性をどの程度把握・表現しているかに応じて完全正答から部分正答、誤答まで段階的な採点がなされる。

このように、「問題解決能力」を問う設問でも、「表現」に重きをおくものもある。例えば二〇〇〇年の調査では、落書きに関して否定的なものと肯定的なものの二つの意見が手紙形式で提示され、まずは二つの手紙に共通する目的を答えさせる。次に片方あるいは両方の手紙の内容にふれつつ、自分はどちらの意見に賛成するかを、「自分なりの言葉」を使って答えさせる。

最後に、手紙の書き方自体に関してどちらがよいかを理由とともに答えさせるといった問題が出された。

最初の問題以外は記述式であり、特定の正解があるわけではなく、他者の意見を理解・尊重しつつ自分の意見を説得的に述べる能力が問われている。

## 思考する意欲

こうした「ＰＩＳＡ型学力」「問題解決型学力」は、従来の「伝統的学力」とは明らかに異なる。教科書を完全に暗記していたとしても問題が解けるとは限らない。実際の生活状況に近い問題が出され、仕事や生活で必要とされる力に近いと思われる力をはかることを目的としている。問題ごとに新たに考え、判断しなければならないタイプの問題がＰＩＳＡ型の学力である。

このような問題を目の前にしたときには、その問題を理解しようとする意欲がまず問われる。問題を見て面倒くさいと投げてしまえば、けっして解答には至らないからである。

知っていることを記載する試験では思考力を求められないので、問題を解くことに対する意欲自体ははかりづらい。一方で、問題解決型の場合は、出題の意図をきちんと理解し、問われていることに対して自分で考えるプロセスが要求される。そこには思考のエネルギーも求められる。このような問題に取り組み、そして思考する意欲自体が問われ、また実際に問題解決能力も問われているという点では、ＰＩＳＡの調査はまさに、文科省が平成元年以来目指してきた「新しい学力観」を具現化したものといえる。

## 3　「新しい学力」を伸ばす授業

### 主体的な学習とは

「新しい学力観」では、生徒の主体性が重んじられることも大きな特徴である。そのため、子ども一人ひとりがそれぞれ感じていること、考えていることを活かした授業を行なうことが教師には求められるようになった。子どもたち個々の意欲や感じ方、表現力・思考力・理解力・判断力が重要なのは疑いようがない。しかし実際にどのようにそれらを伸ばすか、どのように評価するか、ということになると、工夫が必要である。

ペーパーテストの結果を点数化するだけでは、一人ひとりの主体性に基づく学習を支援することにはなりにくい。全体に対して特定の教育内容を一方的に伝達するという形式の指導では、一人ひとりの主体的な学習を活性化させることにはならない。このような事態は教師であれば誰でも感じていることであるが、実際にどうすれば主体的な学習を活性化させることができるのかということについては、指針が必要となる。

**新たな国語の授業**

指針の一例として、平成五(一九九三)年以降、「新しい学力観」に立つ各教科の指導の手引書が文部省から出された。例えば、国語科では、『新しい学力観に立つ国語科の学習指導の創造』(文部省、平成五年)が発行された。これによると、国語科の評価は、以下のような四つの観点から行なわれる。①国語への関心・意欲・態度、②表現の能力、③理解の能力、④言語についての知識・理解・技能である。

これに基づく授業例としては、新美南吉『手ぶくろを買いに』を題材とする実践案が示されている。そこでは、従来授業の最後におかれていた「子ぎつねは、人間をどのように思ったのかを話し合う」「子ぎつねの気持ちを考えながら音読する」といった項目を、授業の中心課題におくことが提言されている。そして、話し合いをする際にはあらかじめ自らの意見を書く時間を具体的に設け、音読をする際にはより多くの子どもが音読する機会を与えられるように求めている。

つまり、従来の授業でありがちであった、『手ぶくろを買いに』の一般的な内容理解を中心とした授業ではなく、それを前提として、主人公である子ぎつねが、具体的場面でどのような気持ちでいたのかを子どもたちが自分で考え、考えを反映させる形で音読をさせるのに主眼をおくということである。

これらの授業で教師が目指すべきとされるのは、できるだけ子どもたちが「気づき」を得るように指導することである。子どもたちが自分らしい課題を見つける、学んだことを確かめる機会を得る、子どもたちの立場に立って幅のある認めをする、そして自分のよさに気づくよう具体的に促すのである。そうすることで、子どもが自信を持って発表、音読できるようになり、国語への意欲・関心が育ち、表現力・理解力・知識が身についていくことが期待されている。

新しい学力観に立つ教育では、作文に関しても、生活や体験等に基づく主体的な作文の仕方を指導することが目指される。意欲的に自分の言葉で表現していること、自分の体験を掘り下げていることを評価するのである。

そのために作文の具体的な目標を設定することが望まれる。単に「体験したことを書きなさい」ではなく、「今日体験したことを家の人に手紙で伝える」などとする。そうすることで、その目的に即して、「家の人に通じるように順序立てて書く」といった目標を自分で立てながら作文を書く意欲を持つことが期待される。

作文を書くにあたって教師は、子どもたち一人ひとりが何を目的にどのような体験をしたのか、その体験から何を感じ考えたのか、それらを表現するために子どもたちには何が不足しているのかを理解する必要がある。そうして、子どもたちの興味・関心・意欲を確かめながら、それぞれの特性に応じて指導していく。教師は生徒と対話し、子どもたちが書きたいことをはっきり把握できるように指導していかなければならない。

**新たな理科の授業**

次に、理科についてもみていく。『新しい学力観に立つ理科の授業の工夫』（文部省、平成七〈一九九五〉年）では、理科においても、一人ひとりが自分で問題解決していくことが目指されている。観察や実験を通して問題を解決していくプロセスを身につけていくのである。

ここでも強調されているのは、生徒に対する多様な関わり方、子ども一人ひとりの主体性の尊重である。子どもたちは事象に対する見方はそれぞれ異なっていることが多い。しかし、それらは全くのバラバラなのではなく、一定の類型化は可能である。そこで、教師はこの類型を意識し、それに応じて、複数の学習計画、指導計画を立てていくことが必要であるとされる。

例えば、小学三年生の「土と石をしらべよう」という単元をみてみる。ここでは授業の工夫として、子どもたち一人ひとりが、個別に気づいたことや伝えたいことを紹介できる小カードを作ってクラスで集め、一覧表としてまとめることが提案されている。小カードを使うと、子どもたち個々の活動状況や考え方がより明確に把握できるからである。

そして次に、池作りを実際にすることで土と石の性質を学習する工夫がなされている。まず、「池を作るのはどんな場所がいいか」という問題を与える。そうすると、子どもたちは「水がたまって池ができる場所とできない場所があるのはなぜか」「水がすぐにしみ込んでしまうのはなぜか」「土の粒の大きさによって水のしみ込み方に違いがあるのだろうか」といった問題に行きつく。そこで次に、土の質によって水のしみ込み方に違いが生じることを実験してみる。そして、その理由を考える。

穴に水をためるという目標のために問題を提起し、石や土を調べ、さらにまた生じた次の疑問に向かっていく。土の性質についてははじめから教わるのではなく、活動の中で生まれる気づきや疑問を仲立ちとして学んでいく。子どもたちの気づき、発見を裏側から教師が支援するという学習形態である。

「土(粘土・砂・小石を混ぜた物)をしらべよう」という場面では、教師が色々なサンプルの土を用意し、水を使って調べることを提案する。そうすると子どもたちは「土の手触りに違いがあるか」「砂場の土(砂)は、水に入れても濁らないのはなぜか」「土に水を入れてかき混ぜておいたら、いくつもに分かれたのはなぜか」といった疑問を持つ。そこから、土の性質を調べ、砂との比較をするなどして、水がしみにくい土を見つけ、その理由を考えていく。

## 科学者の思考を経験する

このような理科の授業においては、協力的指導体制の活用が重要となる。複数の教師が協力することで、子ども一人ひとりの多様な考え方に丁寧に対応し、個別学習を支援するとともに、活動中の児童が安全に学習できるようにするのである。

教師が子どもたちを誘導しながら、自分で疑問をみつけるよう促し、それらの疑問を解明するための実験をして、理由を考える。そしてその過程を小カードにまとめる。そうすることで、子ども同士でも、ほかの子どもがどう考えているかもわかり、同じ考えの人がどの程度いるか、異なる考えはどのようなものかを知ることができる。

その結果、自分の追究する問題や方法を修正することもできる。子どもたちの気づき、考え方が組み合わさり、次に発展していく。学習の協働性が授業を活性化させるのである。

すでに教科書に書かれている事実を言語情報として記憶し、また紙に再生して書き込む。そのような知識の在り方が伝統的な学力の在り方だとすれば、新しい学力はより科学者の営為に近い。自分たち一人ひとりが感じたことに基づき次のステップに進んでいく。

すでに確定している知識に限らず、事象を観察し実験することによって、新たな知見を自分たちの手で獲得していく。こうした科学的な知の発見は科学者が実際に行なっていることである。そのような科学者の営為を子どもたちが追体験していく。これが新しい学力の学習スタイルである。

そうして得られた知識は、場合によっては当たり前のことかもしれない。六時間をかけて追究した問題は、情報としての科学的知識を習得するだけなら、一時間で済むのかもしれない。しかし重要なのは、知識の記憶よりも、科学的な観察や実験を行なうことができるか、自分たちの気づきや発見を活かした問題解決能力があるか、ということである。

すなわち、結果としての知識よりはプロセスが重視される。その学習のプロセスを技として身につけることが、新しい学力の本質である。したがって、「新しい学力観」に立つ理科は、チームで観察、実験を行ない、新しい仮説を立てていく協働的な科学者の営為と質的には同じものを目指すことになる。

従来の教科書にももちろん、観察や仮説の重要性は述べられていた。しかし、学習の基本はやはり、教科書を読み、演習問題を解けるようになることである。

そうした学習のプロセスは、科学者の行なう研究プロセスとは異なる。大学入試レベルの理科の科目においても、実際に観察や実験をしなくても、教科書や参考書に基づいて演習問題をこなせば点数は上がる。これは自然事象と格闘し、仮説を検証する科学者の苦労や喜びとは性質が異なる学習の在り方である。

新しい学力においては、科学者たちの苦労や発見の喜びなどを、小規模な形ではあるが共有する。そうした学習のプロセスが重視されるのである。

## 4　アクティブ・ラーニングとは何か

### アクティブ・ラーニングとは

以上のような背景をもとに、今後、二〇二〇年から二〇三〇年にかけて施行が予定されている新学習指導要領では、「アクティブ・ラーニング」が重視されることになっている。「アクティブ・ラーニング」とは、「課題の発見・解決に向けた主体的・協働的な学び」（平成二十七〈二〇一五〉年、中教審『教育課程企画特別部会　論点整理』）と定義され、学習内容それ自体ではなく、子どもたちの「学び方」に着目した概念である。基本的な知識の習得を前提とした上で、具体的な課題の発見・解決を通じて思考力・表現力・判断力を磨くことが目的である。そうすることで、既存の知識や技能が新しい形で体系化され、自己の中で再構築されて定着していくことも期待される。

### 三つの視点

中教審が作成した『教育課程企画特別部会　論点整理』によれば、アクティブ・ラーニングには三つの視点がある。それは「深い学び」「対話的な学び」「主体的な学び」である。この三つに立って、授業を全体的に改善していくことが目指されている。

第一に、「深い学び」とは、習得・活用・探究という学習プロセスの中で、問題発見・解決を念頭に置いた学びの過程である。つまり、すでにあるものを記憶するのではなく、学習過程で見方、考え方が深まるような学習が求められる。

第二に、「対話的な学び」とは、他者との協働や外界との相互作用を通じて、自らの考えを広げ深める学びの過程である。教師が話すことを聞いて終わりにするのではなく、子どもたちが話し合いをして情報交換を行ない、子どもたちのものの見方が変わっていくような学びである。そこでは、外界との相互作用の手段としてインターネット、ＩＣＴ(Information and Communication Technology 情報通信技術)を活用していくことが期待される。

第三に、「主体的な学び」とは、子どもたちが見通しを持って粘り強く取り組み、自らの学習活動を振り返って次につなげる学びの過程である。自分で問題を見つけ、解決することができるような環境づくりが重要になる。

これらの視点を持った学習スタイルは、これまでもすでに実践されてきたものではある。しかし、今後はこうした学習スタイルが目標として明確に位置づけられて推奨され、より積極的に行なわれることになる。

いま「スタイル」といったが、アクティブ・ラーニングは学習内容ではなく、学習スタイルであることが重要である。伝統的な学力が「学習内容」としての知識を身につけるものであるのに対して、アクティブ・ラーニングはあくまで学びの「方法」であることを再確認しておきたい。

## 課題設定の重要性

アクティブ・ラーニングでは、課題の設定が重要である。なぜそうなるのか、どうすれば解決できるのか。そういった課題が曖昧だと思考が進まない。一方で、課題があまりに具体的で一問一答だと、思考に深みが生まれない。問いかけ、課題の設定が教師の腕の見せ所である。一つの課題が終わったらそれを踏まえて次の課題へいく。その課題は子どもたちが発見するのが理想だが、そうなるように教師が誘導するのも、実際の授業活性化のためには必要である。

大学の授業ではあるが、教員養成コースの学生たちに私がやるのは、例えばＩＣＴを使って、子どもたちが創造的な思考を発展させる授業案を各人が用意するといった課題である。科目の選び方、授業での使い方は学生に任せるようにする。

実際発表してもらうと、じつに多くのアイディアが出てくる。多様なアイディアや考えが教室に渦巻くことが、主体的学びを活性化させる。学生たちは、自分の考えた案、材料でオリジナリティを出すように努力する。プランを練り、材料を組み合わせ、発表する。各人の発表に対するコメントを求め、よりよくなるようブラッシュアップしていく。

指導する側が注意すべきなのは、他の学生の発表に対するコメントをポジティブなものにするよう求めることである。否定的意見ばかりだと、準備が報われない気持ちになる。まずは、準備してきたこと、プレゼンテーションでよかった点をほめる、そしてポジティブな方向に改善するようなコメントをしていく。そうすることで発表者は、自分の準備は無駄ではなかったと、前向きな気持ちになる。ポジティブなコメントによって教室の雰囲気が明るくなるのである。

### 対話の活性化

先ほどアクティブ・ラーニングに基づく授業の第二の視点として挙げた「対話的な学び」、その象徴が、グループ・ディスカッションとプレゼンテーションである。これらは小中高校、大学で以前から行なわれてきたものだが、本当に有意義かというと、効果の薄いものも多いといわれる。場が活性化しないまま、なんとなくゆるりとした話し合いに終わることも多い。

なぜそうなるかといえば、対話の活性化には技術が必要だからである。グループ・ディスカッション前に自分の考えをメモにしておく、そうして自分の意見をまず整理してディスカッションに臨む。ディスカッションにあたっては、あらかじめ目的、ゴールを指し示す。アイディア出しのためのディスカッションなのか、解決策の妥当性を検討するディスカッションなのかなど、何がゴールかを明確にする。ふんわりとした目的だと議論は活性化しない。

例えば、新聞記事など特定のテーマを決め、四人一組として、一人がプレゼンテーション役となり、他の三人がそれに基づいて検討するといった方法が考えられる。発表担当者は自分のプレゼンテーションについて責任を持って準備をする。その準備過程で発表内容について知識を習得するとともに、自分が理解できていると思っていたことが本当に理解できているか再チェックすることができ、考えもまとまる。準備を通じて担当者の学習が進む。そうした準備を踏まえてプレゼンテーションをし、討論する。

発表テーマについて、データ、事実、論拠を意識しながらディスカッションすれば、ディスカッションが活性化する。他者の考えを聞くことで自分の考えが深くなるのが理想であり目標である。

ここで必要なのは、各自が自分の意見を言うことである。コメント力養成がディスカッションの要件である。

グループの一人がプレゼンテーションをして、その中身について残りのメンバーは質問を考え、メモしておく。そしてプレゼンテーションが終わったら質問をする。その質問が議論のとっかかりになる。メモしながら聞くことが、ディスカッションの活性化には有効である。教師は、こうした方法論をしっかりと指導するべきである。

プレゼンテーションは一人がするのではなく、順番にやっていく。それぞれが持ち寄った新聞記事をテーマにするなどして、プレゼンテーションを四セットやっていく。全員がプレゼンテーションをし、ディスカッションにも加わる。こうして、発表と議論を同時一体的にできるようになる。

### 意欲を伸ばすためには

先述のように、「新しい学力観」の中心におかれているのは「意欲」である。積極性自体が学力として評価される。チャレンジしてみようという姿勢は、国際的にも評価される。消極性が評価されることはない。課題に対し何とかしようという意欲が国際的にも求められ、人物の優秀さをみるときの共通理解になっているということである。

真面目に勉強はするが、グループ・ディスカッションでは積極的な発言がないとなると、消極的だという否定的評価になる。遠慮ばかりしていては、考えようとする意欲がないと誤解されかねない。

大学で教えている実感としては、十分な準備があるのに前に出ようとしない学生が多い。クラスで発表するのは緊張するし、自分の意見は大したことがないと遠慮してしまう。だが、半強制的に発表させると、学生は発表に慣れてくる。そして発表への感想を聞くことが次第に快感になり、より発表したいと思うようになる。要は場慣れの問題なのである。

もっといえば、発表し、自分の意見を他人にわかってもらうことそのものが快感になる。自分の意見を伝えるのが面白いと思うようになれば、アクティブ・ラーニングの回路が完成する。主体的な学びを活気づけるのは発表である。相手が反応することで、次の発表へのモチベーションになる。

ここでは大学での例を挙げたが、もちろん小中高校でも基本は変わらない。むしろ高校までの授業の中で、アクティブ・ラーニングの要素が強く求められるようになる、それが現在起こりつつある変化である。

## 家庭でできること

アクティブ・ラーニングの実践に関して一つ重要なことを付け加えるならば、特に小中高校の子どもたちにとって、家庭もまた重要なアクティブ・ラーニングの場、新しい学力を伸ばすための場だということである。

テレビのニュースを親子で見ているとき、親に知識があれば、ニュースのテーマについて解説し、子どもに対して問いを投げかけ、子どもの意見を求めることができるだろう。ただ漫然とテレビを見るのではなく、共通のテキストを使って、親が問題を設定してもいい。

例えば二〇一六年六月に、アメリカのフロリダ州で銃乱射事件が発生し、四十九人が死亡、多くの死傷者が発生した。これはアメリカ史上最悪の銃乱射事件といわれている。このようなニュースが流れたとき、親は子どもに対して、いくつかの問いを投げかけることができる。「なぜこのような事件が起こったのか」「こんなことが起こるなら銃を規制したほうがよいのではないか」「これがテロならどう対処すべきか」「日本ではなぜこのような事件が起きないのか」といった問いである。

答えは一つに定まらなくてよい。答えが一つに定まらないのが新しい学力の特徴なのである。親も答えを知っている必要はない。一緒に考えればよい。一緒に考えを進めることができれば、それが子どもの学力になる。

私がフロリダ出身のアメリカ人に聞いた話では、アメリカでは娘に、「不審な人物がいれば迷わずに撃て」と教える家庭が少なくないそうである。迷っていたら自分が撃たれるからだそうだ。日本人の感覚からすればきわめて攻撃的でにわかに理解しがたい話であるが、現実に射殺事件や銃乱射事件が頻発している土地においては、自分の身を守るためには必要なこととして、一定の共通理解のある考えのようである。

その人が言うには、女性が銃を持つことでレイプ被害が減っている面もあるという。その観点からすると、銃を持たないことが善であるとは必ずしもいえないことになる。銃を規制したら、銃を捨てるのは善なる人たちである。しかし、善でない人は銃を捨てず、悪人のみが銃を持ち善人は一方的に殺されるだけという、手のつけられないことにもなりかねない。

日本では明治期以降、現在に至るまで、銃や刀剣の所持は厳しく規制されている。アメリカのように、独立戦争の経験から、憲法にまで武器所持を正当化するとも解釈できる文言が盛り込まれた国とは大きく異なる。私自身は当然、銃の所持は厳しく制限されるべきと考えており、アメリカの現状に対しては「銃をもって銃を制す」のとは違った第三の道が考えだされるべきだと思う。しかし、まずこうした考え方を知らなくては、新しい発想はできない。私もこのアメリカ人との対話を通じて、アメリカ人のものの考え方の一端を知り、対話的なアクティブ・ラーニングをすることができたのである。

## 親子のアクティブ・ラーニング

このように、様々な考え方を知り、対話することが、子どもの新しい学力を育てる。学校よりも家庭の方が学力を伸ばす場として適しているともいえるのである。対話がしやすく、正解のない問題を考えるだけの十分な時間もある。そうした対話の時間は、親子の時間としてもクリエイティブで楽しい。

学校ではすでに決められたカリキュラムをこなし、一定の教育内容を習得する必要がある。一方、家庭ではこれにしばられず、親の関心に従って自由に問題を設定し、考えることができる。

例えば、子どもが凧揚げに夢中になったとする。この凧をより高く揚げるためにはどうするか。竹ひごの作り方や組み方、凧の材質、飛ばし方などを考えるきっかけになる。私も子ども時代に凧揚げに夢中になったとき、父親と畳一枚分の大きな凧を作り、河原でチャレンジしたことがある。うまくはいかなかったが、そのときの経験は子どもながらとても貴重なものとして身についた。成功不成功ではなく、探究し、チャレンジしたことに意義があるのである。料理でも、いつもと違う作り方をしてみると、失敗することもあるかもしれないが、より美味しいレシピを見出せる可能性もある。科学は実験から得た「気づき」をバネに発展するのである。

## 生活の中の教育

物事を計画立てて進めていく「段取り力」もまた、家庭で育てていくのにふさわしい。これは新しい学力として位置づけられてよいように思う。

問題を解く、料理をする、物語を作るなどの場合でも、必要とされる力は段取り力である。あらゆるものを段取り力の観点で見直すと、全てがつながって見えてくる。学校だけでなく、生活のあらゆる面に段取りを見出し、段取り力を身につける。そうすることで、実践的な知力が鍛えられる。

例えば、ピアノを習っていたとすると、ピアノが上手くなる段取りを親子で話し合う。小指の運指が苦手なら、何が原因で小指の動きが悪いのか、どの指につられて動いてしまっているのかなどを分析し、それを解消するよう練習する。そうすることで曲全体をなめらかにひけるようになる。

こうした問題意識の持ち方、解決の段取りを立てるプロセスをじっくり持てるのは、個々の子どもとしっかり向き合える家庭教育のよさである。親子の対話を中心とした問題解決能力の向上は、コミュニケーション力の向上も生むだろう。話をしながら問題をはっきりさせ、解決策を出しあう。こうしたコミュニケーションの練習ができる。

コミュニケーション力は、子どものみならず社会で働く大人にとっても重要な能力である。他者と協働し問題解決に向かうのが企業にとって必須であるとするならば、その基礎になるのがコミュニケーション力である。

教科書を記憶し、テストで記憶の再生を行なう作業ではコミュニケーション力は必要とされない。つまり伝統的な学力ではコミュニケーション力はそれほど重要ではなかった。しかし実社会ではコミュニケーション力が求められる。この違いを埋めるためにも、アクティブ・ラーニングは有効なのである。

こうしてみてくると、「アクティブ・ラーニングと新しい学力は家庭でこそ育つ」といっても過言ではないことがわかっていただけるだろう。

## 5　いかに評価する／されるのか

### 評価の観点

それでは、こうした「アクティブ・ラーニング」によって学習された能力は、教育現場ではどのようにして評価されるのだろうか。

これにつき、二〇二〇年改訂の新学習指導要領では、「知識・理解」「技能」「思考・判断・表現」「関心・意欲・態度」の四点を主な観点として評価することが予定されている。これは、すでに述べた学校教育法第三十条第二項を踏まえて設定されたものである。

しかしここで懸念されるのは、評価の基準が曖昧になることで、子どもたちが何を目標にするかが曖昧になることである。学習は評価と表裏一体の関係であり、評価によって子どもたちの学習も変わってくる。

特に「関心・意欲・態度」については、個人の主観面の問題であるため外部からの評価が難しく、ともすれば「ノートの取り方」や「挙手の回数」といった、本来の趣旨に反する表面的な評価に陥るおそれもあることから、より客観的な評価をいかに可能にするかが検討されている。

新しい学力で重要なのは学習プロセスの質をみることにある。結果よりもプロセスを重視するという方針が学習評価の基本である。例えば「活動カード」にどれだけ積極的に記入しているかを調べることで、その時間中にどれだけ積極的に知的活動をしていたかをある程度は知ることができる。小テストなど旧来の形と異なり、その子ども自身の活動のプロセスを追うことができるからである。

逆上がりができるか否かを結果で評価すれば、最初からできる子の評価は高くなり、苦労した子は低くなる。しかし、逆上がりができるまでのプロセスをノートに書かせてみると、なかなかできない子においてこそ、何がいけないから逆上がりができないのかを分析し、そこでわかった自分の課題を解決しようとする学習プロセスが生まれる。それを意欲・関心・問題解決能力があるとして評価すれば、早く逆上がりができたか否かは関係なく、知的探究そのものを評価することにつながる。最初からできた子にも、なぜ自分ができたのかを考えさせ、より高いレベルにチャレンジさせることで探究心が育まれるだろう。

## テストからレポートへ

評価の方法としては、「活動カード」に限らず、従来のペーパーテストに拠らない、レポート提出・発表・グループ学習等のパフォーマンスを通じた多面的な評価を行なう必要性も指摘されている。

従来型のペーパーテストは、知識が確実に身についているかはかり、自分の知識の習得度を客観的に把握するのに有効である。一方、レポート作成には、時間をかけて自分の考えを深めることが求められる。書いてみると、自分の考え方が整理されていないことに気づいたり、より調べるべき点がみえてくるし、そもそも自分なりに考えた独自の視点がなければいいレポートにはならない。

こうしたレポート作成の経験は、将来的には学術論文作成の能力養成につながるだろう。学者・研究者が論文を書く作業と質的に同じものを小中高校でやることで、問題を探究する思考・技術が練磨される。大学四年生になって、卒業論文で初めて長い論文を書くというのが昔の大学生にはよくあったが、これからはレポートや論文は小学生の頃から書いているから慣れているという状態になることが期待されている。

## 大学入試の変化

こうした流れを受けて、大学入試もまた変わろうとしている。特に二〇二〇年の指導要領改訂を受けて、大学入試が大きく変わることが予定されている。大学入試センター試験が廃止され、まず高校二〜三年生のうちに基礎的学力を問う「高等学校基礎学力テスト(仮)」が行なわれるのとあわせて、大学入学志望者に対しては「大学入学希望者学力評価テスト(仮)」が実施される予定である。二〇一六年三月に出された文科省・高大接続システム改革会議の「最終報告」では、この新共通テストに、マークシート方式だけではなく記述式の問題を導入すること、また回答をコンピューターで行なうCBT(Computer-Based Testing)方式を導入することなどが伝えられ、メディアでも報じられた。

インターネット上ではこの「評価テスト」の「記述式問題イメージ例」なども公開されているが、例えば「国語」として、複数のグラフや図表・文章をみながら、情報を読み解き、自分の考えをまとめる設問などが示されている。

共通テストである「評価テスト」だけではなく、大学ごとの二次試験においても、大学の独自性を出した個別試験が今後ますます増えていくと思われる。京都大学の特色入試、東京大学の推薦入試導入などがその傾向を表しているが、伝統的な学力入試のスタイルから、知識を活用して自ら問題を解決する力があるか否かを問う入試への変化の流れが起きているのである。

こうなると、大学にも、どのような意識を持った学生に入学してほしいかというアドミッション・ポリシーを持つことが求められる。ポリシーとは方針のことである。どのような資質を持った学生に入学してほしいかに加え、大学としてどのような学習を積み、学位を与えるためにはどのような資質が備わっているべきかという方針(ディプロマ・ポリシー)を示すことも求められている。大学入試の変革は、当然ながら大学教育の変化とも連動しているのである。

**新たな問題点**

新しい入試では、記憶したものを再生する「伝統的な学力」を問う設問よりは、問題解決型の思考力を問う問題が出ることが予想される。だがこれに関しては、すでにいくつかの難点も指摘されている。

まず、「問題解決型能力をはかる問題」を作ることが容易ではない。また、結果をどう点数化するのか、各教科の達成度をどう評価するのか、採点業務の労力が膨大になるといった諸点が懸念されている。実際、年に複数回設定される予定だった「評価テスト」は作問と採点労力の問題から、年一回の設定に変更される流れになってきたとの報道もある。

すでにＡＯ入試や自己推薦入試と呼ばれる形態の入試の割合が年々増加していることは、読者の方々もよくご存じと思うが、これもまた評価の基準の難しい試験である。

ＡＯ入試のＡＯとはAdmissions Office（入学管理局）のこと。従来型の筆記試験に拠らず、高校の成績や面接、討論、自己推薦書や小論文によって合否が決まる入試で、一九九〇年慶應大学が初めて採用し注目された。自己推薦入試というのは、例えば部活動で全国大会に出場経験があるといった実績を自分でアピールして入学する試験である。生徒会長をやったなどの公共的活動は評価されやすい。書道大会での入選など技芸での実績も対象になる。生徒自身が自分の実績をアピールし、大学が評価するのである。世界各国を旅し、そこでの見聞を大学での勉強に活かしたいといったこともアピールになりうる。

以前であれば全員が同じ試験を同じ日時に一斉に受け、点数で順位をつけるといった、いわばヨーイドンで始まる入試しかなかった。これは今では一般入試と呼ばれている。しかし、全国の私立大学では、一般入試以外の入学者が五割を超えたとの報道もある。

ここで問題なのは、その子ども自身の資質を超えて、家庭環境が自己推薦の内容と密接に関係するのではないかという点である。経済的に豊かな家庭ならば、子どもに様々な経験を積ませることができるが、余裕のない家庭ではそれは難しいだろう。家庭環境によって、自己推薦における優劣がついてしまう危険があるのである。

一般入試では、一点で涙を呑む厳しい競争が強制される一方、自己推薦入試では、自分の関心に基づいたレポートを提出するなどすれば入学が認められる。ここにフェアではないという感覚が生まれる。これは主に一般入試で合格した学生の持つ感想である。大学入試が多様化し、個別化の進む流れになってきた今、大学進学を考える家庭は何をどう準備すればいいのか。受験生を抱える家庭としては、切実な関心であろう。

受験制度改革の是非そのものに踏み込むことはここではしないが、文科省の提示する「新しい学力観」に基づいた教育・試験の実施には、いくつもの大きな課題が残されていると私は考えている。ここで章を改めて、「新しい学力」にひそむ落とし穴について考えてみたい。

# 第二章　新しい学力の「落とし穴」

## 1　「ゆとり」という経験

### 理想と現実と

現実社会は問題にあふれている。企業活動においては状況の変化に応じてつねに新たな問題に直面することとなる。個人のレベルでも、人間関係のあるところには必らず何らかの問題が発生する。それらを解決する実践力が求められているのは確かである。それを「生きる力」や「問題解決能力」と総称するなら、それが必要とされるのは論をまたない。

しかしこうした「生きる力」を、社会に対応していく力として目標にかかげた二十年あまりに及ぶ教育の結果が、本当に「生きる力」を持った人間の育成につながったのかといえば、疑問は残る。かかげた目標は理想としてもっともなものであったとしても、実際にそれが効力を発揮したかは別問題である。残念ながら、「生きる力」として求められたものが、実際に身についていると感じる日本人は少数派なのではないだろうか。これが教育の難しさである。

理想と現実は必ずしも一致しない。この難問が最も明瞭になったのは、ゆとり教育の「失敗」においてであろう。

## ゆとり教育とは何だったか

「ゆとり教育」とは、具体的には、学習内容の三割削減、授業時間の減少、学校週五日制の導入、科目横断型「総合的な学習の時間」の創設などの施策全般を指す。子どもたちに「ゆとり」を与える主旨であったことから、これら一連の改革により行なわれた教育は一般に「ゆとり教育」と呼ばれる。

ゆとり教育の狙いは、加熱した受験勉強による弊害を防止し、ゆったりと勉強することができる環境を作ること、及びいじめや不登校問題の改善であった。学習時間と内容にゆとりを作った上で、「総合的な学習の時間」を導入し、より生活に根差した問題を考える学習をする、余裕のある教育を目指した。

ゆとり教育は段階的に導入されているため、どの世代からゆとり教育を受けた世代とするかは議論のあるところであるが、概ね一九九〇年前後から九〇年代中頃にかけて生まれた人は、自分を「ゆとり世代」と感じているようである。

しかし周知のように、このゆとり教育に対しては、導入主体である文科省自身がすでに否定的評価を下している。二〇一六年五月一〇日、馳浩《はせひろし》文科相が、二〇二〇年から始まる新学習指導要領に関し、学ぶ知識の量を減らさない旨を確認し「ゆとり教育との決別を明確にしておきたい」と発言していることからも、それは明らかであろう。

## ゆとり教育への批判

このような発言がなされた理由は、ゆとり教育の結果生じたとされる「学力低下」に対し批判が起きたことである。例えば国際的な学力試験において、日本の順位が下がることが続いて起こった。国際数学・理科教育動向調査（ＴＩＭＳＳ＝Trends in International Mathematics and Science Study）の二〇〇三年の調査では、一九九五年の調査に比して正答率の大きく下がった項目があった。あるいは先述のＰＩＳＡ調査においても、二〇〇三年と二〇〇六年の調査結果を比較すると、数学的リテラシー・読解力・科学的リテラシーの三分野全てにおいて国別順位を下げている。

また、有識者や学校関係者だけでなく、一般社会からもゆとり教育は大きな批判を受けた。学習内容を三割削減することによって、台形の面積の求め方などきわめて基本的な知識の習得を先送りにしたり、一部の学年・分野では円周率を「約3」として扱う現象が生じるなど、導入当初からこの方針には多くの不安が存在したが、国際学力試験の結果が前述のようなものとなったこともあって、その不安が的中したと批判された。こうした声の影響か、ゆとり教育に否定的な評価を下した文科省は、二〇〇八年の学習指導要領改訂を機に、学習内容を増やし、教科書を厚くするという方向転換を行なったのである。

私が思うに、ゆとり教育が失敗した要因はいくつか考えられる。まず、導入の理由として最初に挙げられた受験競争の過熱は、そもそも少子化の現実の中で、一九九〇年代にはすでに解消していた。子どもの人口が団塊、団塊ジュニア世代では一学年およそ二百万人であったのに対し、一九九〇年生まれはおよそ百二十万人ほどである。二〇〇〇年代後半には、大学進学を希望する人数が大学の入学定員合計と一致もしくは下回る大学全入の時代も到来していた。受験競争は激化するどころか沈静化したといえるほどに少子化が進んでいたのである。

また、学習内容を削減したからといって残りの内容の修得が完璧になるわけでもなかった。

学習内容を三割削減した結果、残りの七割が、それを習う世代には十割としてとらえられ、その中でまた未完成な部分が残り、結果として基礎的な知識がより一層不足するという事態に陥った。学習内容を減らせば習得率が高まるというのは幻想であったといえる。

## 「新しい学力観」は維持

一方で、ゆとり教育を否定したとはいえ、その大元にある「生きる力」を中核とした「新しい学力観」は否定されたわけではない。きちんと学習内容の充実性を維持し、基礎的学力を高めつつも、問題解決型の学力も伸ばしていく。このいわば二兎を追う方針が、いま文科省の目指している方向性である。ゆとり教育には戻らない、しかし問題解決能力を中心とした新しい学力を身につけていく。この理想を掲げ、次の二〇二〇年の学習指導要領改訂に向かっているのである。

つまり「新しい学力」、問題解決型の学力の向上に主眼があることは、平成元(一九八九)年以来一貫して変わっていない。だが、看板を掲げるだけでは目標は達成されないのは当然のことである。「新しい学力観」の提示とほぼ機を同じくして主張された個性尊重の教育は、三十年の時を経て、はたして効果をあげているだろうか。結果として、現代の若者が以前より個性的になったという声は聞かれないどころか、企業の人事担当者からはむしろ「みんな似てきていて選考が難しい」という声すら聞かれる。個性や主体性を重視する教育を目指したにもかかわらず、個性や主体性は昔と比べて伸びているとはけっしていえないだろう。

大きな問題は、問題解決型の新しい学力の育成について、いくつもの難点が残されたままだということである。前章の最後で新しい学力の「評価」の難しさに少しふれたが、それ以外にも実施にともなう困難が残る。このままでは、「新しい学力観」に基づく教育も、ゆとり教育の「失敗」を繰り返すことになりかねない。その轍を踏まないためにも、本章では以下、新しい学力向上という方向性の中に放置された、いわば「落とし穴」をみていくことにしたい。

## 2　いくつもの難点

### 実践できる指導者はいるのか

思考力・判断力・行動力・表現力といった「新しい学力」が必要であり、求められているのは確かだとしても、それを育成していくにはいくつもの難点がある。

第一に、まず何よりも、新しい学力を伸ばす指導方法を、教師や指導者がどこまで実践できるのかということである。いくら優れた教育でも、実践できないとすれば絵に描いた餅である。新しい学力を伸ばすには、教師の力量が今まで以上に必要である。教育内容がきっちり決まっていて、それを説明し、きちんと記憶させるという教育であるならば、教師の教育方法上の工夫はさほどいらない。つまり、教師自身の教育センスはさほど問われなくて済む。しかし、新しい学力を伸ばす授業となると、教師の側にまず、高度な工夫が求められることになる。

意欲・思考・判断・表現・行動といった諸能力を授業で伸ばす方法を考えるのは、実際には難しい。教師は学習者の意欲や思考レベルがどのようなものであるかをその都度肌で感じ取るとともに、その到達度を客観的に評価する必要がある。一瞬も気を抜かず一人ひとりの状況を把握しながら授業することが、一方向的な授業よりはるかに難しいのは、教えた経験のない方にも想像できるだろう。子どもの学習状況を把握するには、教師の「センス」としか言い様のないものが必要なのである。

センスを身につける、磨くというのは難しい。だが、効果的な教育方法を生徒の状況に応じてその都度編み出し、導入することができなければ、いくらアクティブ・ラーニングを導入したところで、授業は「活性化」しない。一般に、現状でそれを実現できる教育センスのある教師がどれだけいるかといえば、正直なところ疑問が残る。

## アクティブ・ラーニングの指導は簡単ではない

アクティブ・ラーニングを教室の学習の中心的なスタイルとすることは、いかにも理想としてはよいように思う。しかし実際やってみれば、グループ・ディスカッション一つとっても実現は簡単ではなく、さほど効果的ではない、単にだらだらした話し合いが続くことも多い。「調べ学習」といいながら、学習者がさぼってしまうケースもみられる。そうしたいわば「ふわっ」とした緩めの授業が一年間行なわれたところで、何が身についたかと聞かれても生徒は明確に答えられないということが起こりうる。これなら、今までどおり伝統的な学力を身につけるほうがまだ結果としては生産的だということにもなりかねない。

さらにさかのぼれば、教員養成を行なう大学の教員がどれだけアクティブ・ラーニングを実践できているか、不安が残る。少なくとも二〇一六年の現在、教員養成の授業に限らず、大学での講義一般はあまりアクティブ・ラーニング的なものとはいえない。教員が一時間半ほど話し続け、学生はノートをとり続けるという昔ながらの授業も少なくない。そうした授業を受けてきた大学生がいざ小中高校の教師になり、アクティブ・ラーニングを主軸とした授業を一年間生産的に行なえるかといえば、大きな不安がある。

そもそも、アクティブ・ラーニングを主とした授業を一年間、それも毎週行なうことは簡単ではない。というより実際に成功しているケースの方が少ないと思われる。週にひとコマ程度ならば、ケーススタディを中心としたアクティブ・ラーニングを実践できたとしても、その他の授業をすべて同様にすることは難しい。

これに対し、伝統的な学力のように、しっかりと決まった教科書があり、その内容を習得させる授業なら、一年間の授業の実質は保証されやすい。面白くない授業になる危険もあるが、内容上の水準はキープしやすいということである。また、アクティブ・ラーニングの手法にこだわりすぎずとも、別の形で学習者の意欲を育てるような面白い授業をするセンスや力を持っている教師はもちろんたくさんいる。その教師たちは、現行の指導要領に従って伝統的な学力を伸ばしつつも、同時に意欲・思考力・判断力等を高める授業を行なっている。

つまり、「新しい学力」を伸ばす授業をするためには、教師の教育センスが不可欠であり、意欲・思考力・判断力等が何より教師自身に求められているのである。それさえあれば必ずしもアクティブ・ラーニングという手法にこだわる必要はない。伝統的な授業スタイルで成果を上げている教師が、無理にアクティブ・ラーニング主体の授業スタイルに変えることで学習効果が下がるとしたら残念なことだ。

教員免許取得に求められる条件が多くなっていることも響いているのか、教師を目指す学生の数が減り続けている今、「新しい学力」を伸ばせるセンスある教師を数多く現場に揃えることができるのかどうか。率直にいって不安の残るところである。

小中高校においてもそうだが、大学教育にも大きな不安がある。大学の教員は、研究を主たる仕事とする研究者がほとんどであるが、彼らが授業の場を取り仕切り学習者の意識を活性化させるという教育者としてのセンスを併せ持つことは、必ずしも容易ではない。研究能力と、授業というライブ空間を取り仕切る教育力とは、質的に異なるものだからだ。

これからの大学教育では、授業空間というライブな場をマネジメントし、リードする教育センスが、研究能力の高さとともに求められることになる。単にプレゼンテーションやディスカッション、調べ学習を取り入れているかといった表面的なことではなく、具体的に、学習者の一人ひとりの意識が活性化する授業ができているかをみていかなければならない。二兎を追い、二兎をともに獲得する。もし本当にアクティブな教育現場を実現しようとするならば、そのような難事業に向かうのだという覚悟を持って取り組む必要があるだろう。

## 客観的な評価はありうるか

新しい学力を育成する際の第二の問題点は、先にもふれた評価の問題である。「意欲」というものをどのように評価するのか。「情熱があります」「意欲があります」と入試や会社の面接で言う人は多い。しかし、そのような言葉がはたして、情熱・意欲の証明になるものであろうか。

意欲は内側に秘められていることもある。静かに燃えている形の意欲もある。いかにも活動的で話し合いが巧みであっても、生涯をかけて粘り強く研究を続ける意欲があるとは限らない。むしろ、子どもの頃は周囲と上手くコミュニケーションが取れなかったとしても、後にノーベル賞クラスの研究実績を上げる人もいる。例えば数学界有数の難問といわれた「ポアンカレ予想」を解いたロシアの数学者グリゴリー・ペレリマンは、人前に出ることすら拒否する人だった。数学界最高の賞であるフィールズ賞も受賞を辞退したところをみると、変わり者といってよいかもしれないが、その研究成果は数学史に残る偉業である。これは極端な例としても、「意欲の評価」が通りいっぺんの基準で行なわれることによって、特別な才能のある人間の能力を不当に低く評価するような事態が起こるのは、避けるべきであろう。

意欲のみならず、思考力・判断力・表現力・行動力といった諸能力についても、それを評価し、まして点数化することは、伝統的な学力の場合とは比べものにならないくらい難しい。教師が生徒一人ひとりの能力を記述式で評価することになれば、教師の労力は膨大になる。教師はそれらに多くのエネルギーをとられ、生徒の指導に割くエネルギーがむしろ減殺されてしまうだろう。

評価の一つの方法として、生徒一人ひとりが自分の思考力や判断力について自己評価を下すことも考えられなくはない。例えばカードにその都度自己評価を書いていくことがそれである。だが、これ自体は意味のない活動ではないとしても、これが学力評価になるかといえば、明らかに客観性に欠ける。「みんなそれぞれがそれぞれの意欲を持てばいい」とすると、評価基準はないに等しくなる。いわゆる成績表をなくし、集団的な発表をもって評価に代えるというやり方ならば、そもそも客観的で細かな基準を設ける必要がなくなる。

アクティブ・ラーニングでは、生徒の自主性に任される側面も多く、それについて教師が一方的に評価することが必ずしも正しいとはいえない。生徒が脇道にそれたとしても、それを緩やかに受け止め、何かしらの気づきが生まれることを期待する、いわば器の大きい授業運営が求められる。

しかし、器の大きいといえば聞こえはいいが、何の評価もしない、ずるずるとした授業になることも当然ありうる。私が実際見学した例でも、小学校において、「こんにゃくの作り方」というテーマで一時間生徒に話し合わせる授業があった。一見、熱心に話し合っているようには見えたが、生徒たちはそれぞれ自分の言いたいことを言うだけで、的確な根拠に基づいて思考し、判断し、次の課題にいくという過程は見られなかった。そして、それを教師や他の生徒が「評価しよう」とする場面もなかった。

楽しくみんなで研究発表をして終了とするなら、問題は起こらない。しかし、評価基準のない教育を実践するのはあまりに危険である。授業時間が、子どもたちにとって何ら成果のない、時間の浪費になることすらありうる。意欲・思考力・判断力などを評価する明確で客観的な基準をどのように設定するのか。教師の主観に頼りすぎない客観的でシンプルな評価のやり方が用意されているか、これが問題である。

**面接？　レポート？**

評価の方法として、面接で、その人の意欲や可能性をみるというやり方はもちろんあるだろう。しかし面接もまた、「客観的」であることはかなり難しい。

数多くの「マニュアル」が出ていることからもわかるように、面接にはそれなりの表現のテクニックがあり、練習をしてきた人間が有利となることが往々にして起こる。あるいは、フランスの社会学者ピエール・ブルデューが指摘したように、面接では、都市部に育った子どもや、家庭環境において対話が多かった子どもが有利となることが多いという。

何よりも、面接では明るく意欲を前面に出すことが好感を持たれる傾向にある。そこには生来の気質が大きく関係してくる。気質的に活発であるのか、静かであるのか、いわゆる「明るい」のか「暗い」のか、本来そうした生まれつきの気質を評価するものではないにもかかわらず、どうしてもそういう偏りが生まれてしまうのである。

その他に、評価方法として、「レポート提出」を課すことがこれからは増えてくると予想される。前章で少しふれたように、レポートに自分の学習成果や意見を取りまとめることはもちろん大切なことである。しかし「客観的な評価」ということに限っていうと、レポート間の優劣を点数化し、評価する際には、従来の試験に比べどうしても緩やかさが評価に混入してくるのは否めない。

## 「公平な試験」とは

全員が同じ日時に試験を受け、一点刻みで評価が出される従来の試験スタイルの方が、評価は厳密で生徒にはプレッシャーがかかる。入試ではその一点で合否が決まるという気持ちで勉強すれば、学習時もおのずと真剣になるだろう。試験で問われることは勉強したことの五パーセントにも満たないかもしれないが、入試で「あと一点」を上げるために、結果として出題されない大部分を真剣に勉強する。そうしたある意味理不尽ともいえる状況で努力することを評価してきたのが、従来の試験スタイルである。

それを廃止し、問題解決型の問題を解くとなると、「地頭《じあたま》」ともいわれる、もともとの頭のよさが問われることになる。従来の教科ごとの試験であれば、努力して準備をすることで、評価を上げることもできただろう。しかし先のPISA調査のような、教科にとらわれない問題では準備ができず、努力のしようがない、ということになる。となると、「苦労してやってもムダだ」ということで勉強自体をしなくなる危険がある。授業でどれほどアクティブに話し合いをしていても、それだけで終わりというのでは、結果として総合的な学力は落ちてしまう。

大量の人間が受ける試験で、思考力・判断力といったその場で発揮できるかどうかにかかっている能力を問うことが公平であるかも疑問である。しっかりと努力してきたことを評価する、いわば「努力賞」を与えることが今までのテストの一つのよさであった。入学試験の一日の出来のために、皆が年単位で地道に努力する。そうした「公平性」は、「新しい学力」に合わせた面接やレポートではたして保証されるであろうか。また、レポートを他者が作成する危険性も完全には排除できないのではないか。

学習の場面においては、多くの場合、評価に向けて子どもたちは努力する。どれほど「自主的な意欲」を求めるといっても、それが変わらないのは、大人と同じである。その時に、何をどのように評価するのか不透明であれば、どうしても努力は甘くなる。評価の基準を明らかにし、それを子どもたちに伝え、自ら成長への意欲を持たせることができるかどうか。そこをないがしろにしたままでは、「新しい学力」を得るどころか、むしろ子どもの意欲の芽をつみかねないだろう。

## 3　ICTの活用と学習の質

### 学習形態と学習の質

第三の問題として、新しい「学習手段」の問題をみておこう。

前章でみたように、グループ・ディスカッションやプレゼンテーションを駆使したアクティブ・ラーニングの手法を用いた授業、あるいはインターネットなどのＩＣＴを活用した学習は、やり方によっては大きな効果を生む。しかし、注意しなければいけないのは、このような学習形態や学習の手段が、学習の質を必ずしも保証しないということである。

グループ・ディスカッションをしても、それが活性化していなければ、真のアクティブ・ラーニングとはいえない。教室の中で、順番の回ってきた数人の学生がなんとなくプレゼンテーションをし、特に求めるべき方向性も定めず、なんとなくディスカッションをしているだけということになっては、何の益もない。むしろ、講師が専門的分野について意味のある話をし、それをノートにとって記憶するという従来型の授業の方が、少なくとも知識の習得という面では有効である。

アクティブ・ラーニングというのは、なによりも学ぶ側の意識が活性化しているということを本来指すのであって、ディスカッションやプレゼンテーションといった学習手段そのものを指すのではないことを、しっかり認識しておく必要がある。学習者の意識が活性化している中で、教師が優れた講義をすることができるなら、一斉授業形態はアクティブ・ラーニングより効率的な場合もある。緊張感を持って、聞き漏らすまいとノートをとり吸収する。そうした学習意識を持った学習者の構えを受け身とみるのは浅い見方である。

あるいは従来の授業で行なわれてきた音読なども、脳の活性化につながりうる。確かに音読は地味な作業であり、書かれているものを単に読むという作業に大きな意味を見出せないという人もいるだろう。しかし、そうした地味で単純な作業が脳を活性化させる例も、脳科学では示されている。なんとなく漠然と考えていたり、なんとなくインターネットで調べたり、なんとなくディスカッションしているより、伝統的学習にみられたような音読や、計算練習などの反復学習のトレーニングをしている方が、意識が活性化しているということもある。

一見積極的でアクティブにみえる学習形態それ自体が、学習の質を保証するものではない。真にアクティブであるためには、行為そのものよりも意識の活性化が重要だからである。

## ICTはどこまで「使える」か

アクティブ・ラーニングの導入が進められる中で、そうした授業の実現を柱として支えるツールに、ICTがある。学習者がパソコンやタブレット、スマートフォンなどのICT機器を手元に持ち、その場でインターネットを使って調べる。あるいは一人ひとりが課題を解くプロセスをICTをとおして教師が知る。こういった主体的な学習の実現や、教師と学習者との間の双方向的なやり取りが期待される。

例えば、ある課題を教師が出す。それに対して生徒がＩＣＴ機器で回答を記す。すると教師は手元の機器や電子黒板で、生徒の何割がどのような回答をしているか知ることができる。そうした状況を正確に知ることで、授業の中でも次の展開への指示の仕方が変わってくることもあるだろう。

ＩＣＴ機器を学習者一人ひとりが活用できる環境にあれば、その場で調べ物をし、情報を組み合わせてレポートを仕上げることができる。プレゼンテーションにおいても、クラス全員が同時に文字情報を電子黒板にアップすることも技術的には可能である。こうしたことができるようになると、子どもがすぐに自分で調べるという習慣が身につき、自分の考えを全体に対して瞬時に発表するということにも慣れていく。そうした期待がＩＣＴ機器の導入にはある。

しかし、ＩＣＴ機器を使うこともまた、すなわち学習の質の向上につながるとは限らないのが実情である。確かにＩＣＴ機器を使えば、授業時間を楽しく過ごすことはできるだろう。だが知識の習得や思考力の育成にとって、こうしたやり取りがはたして伝統的な学習スタイルよりも有効であるという保証はない。

## 問題は、学習の質

現代社会では、ＩＣＴ機器の活用力そのものが必要とされている。様々なアプリが開発され、学習の範囲はどこまでも広がり、知識も深まることになる。上手く使えば、ＩＣＴ機器は学習の最高の武器になる。しかし、本当に技として活用できる知識をどのように身につけるかということになると、便利な道具よりも、自分の手を使い、声に出して学習する地道な学習の方が、効果が上がるということもありうる。

かつて小学生や中学生だったときに、ノートと鉛筆を使ってひたすら自分の手で問題を解き、繰り返し書いて覚えるという地道な学びによって得た知識。これは大人になってもずっと忘れないのに、インターネットで簡単に調べられたことはすぐ忘れてしまう、という経験はないだろうか。授業においても同じことである。ＩＣＴ機器を使うことが学力を必ずしも保証するものではないということは、意識しておく必要がある。

教師はＩＣＴ機器の利便性を生かし、学習者がより充実した有意義な学習スタイルを身につけるような授業をしなければならない。ＩＣＴ機器をいかに有効に活用できるか、これまたディスカッションなどと同様に、教師や親の腕の見せ所なのである。

脳科学者で東北大学教授の川島隆太氏は、教科書の電子化をめぐるシンポジウムの際、道具が便利になり楽をすればするほど、脳は活性化しなくなる、と発言されていた。道具に頼ることによって学習者の意識がむしろ甘くなるということも考えられるのである。

現在多くの人が持つようになっているスマートフォンでは、インターネットを通じて、古今東西の学問的知識への道が開かれている。電車に乗っていても、百科事典に掲載されている以上の知識をどんどん調べ、身につけることができる。スマートフォンが無限の知識の宝庫の扉になっているはずである。

しかし、現実にはスマートフォンを用いてそうした学問的知識の宝庫を活用している人は少ない。社会人であっても、多くの人がゲームやSNSに時間を費やし、食べ物やファッションなどの商品検索をしたり、音楽を聴いたりして楽しむためにスマートフォンを使っている。青空文庫のような著作権の切れた名作を自在に読むこともできるはずだが、そういう人はあまり見受けられない。学習機器が便利で可能性にあふれているとしても、使う人間の学習意欲が低ければ、学習の質は高まらない。

繰り返すが、肝心なのは学習の質である。質の高い学習が行なわれるなら、場合によっては一方向的な講義形式でも問題はない。一方で、一見活動的な学習形態をとってみても、そこで真剣な学習が行なわれていないのであれば、真のアクティブ・ラーニングとはいえない。これもまた、誤解されがちな「落とし穴」として認識すべきではないか。

## 4　伝統的な学校教育は「ダメ」だったのか？

### 日本の結果はわるくない

「新しい学力観」が推奨される際によくあるのは「個性を伸ばさない教育はダメだ」とか「主体性を伸ばす教育にしなければダメだ」といった、不安を煽るような言い方である。「日本人は記憶力はあるが問題解決能力は低い」といった意見もよく聞かれる。自分たちはこんなに足りていない、と不安を煽ることで、個性や主体性を重んじた教育に転換しようとする。こうしたことはこれまでにもたびたび行なわれてきた。

しかしそこに、本当にリアリティはあるのであろうか。先にもふれた、実際に問題解決能力調査の代表であるＰＩＳＡ調査の、二〇一二年の結果を丁寧に見てみよう（表1）。

六十五カ国・地域、五十一万人（日本からは約六千四百人が参加）の十五歳を対象に行なわれたこの調査では、日本は数学的リテラシーの平均得点は七位、読解力四位、科学的リテラシー四位と、例えば二〇〇〇年の調査に比較すると二分野で順位を下げた。そのことも根拠の一つとして、「学力低下」が叫ばれたのは第1節でみたとおりである。だがこの結果は本当に「わるい」のだろうか。

一覧表をみればわかるように、日本はどの分野も比較的上位に位置し、日本より上なのは、主に上海やシンガポールなど、日本より著しく規模の小さい地域、それも東アジアの地域である。

一方で、問題解決能力教育において「進んでいる」とされ、最も頻繁に参考にされるアメリカは、数学的リテラシーが三十六位、読解力が二十四位、科学的リテラシーは二十八位である。また、日本ではアメリカと並んで参考にされることが多い北欧諸国の一つスウェーデンは、それぞれ三十八位、三十六位、三十八位である。PISAの調査を過度に信用することは適切ではないが、「新しい学力観」の根幹に関わる「問題解決能力調査」といわれる試験で、日本が他の欧米諸国より顕著に優れた結果を残している事実は無視すべきではないだろう。

## 教育の「逆説」

「アメリカに比べて、日本の教育では個性や主体性を伸ばせない」、一般に、そうした意見は

おける平均得点の国際比較

| 順位 | 数学的リテラシー | 平均得点 | 読解力 | 平均得点 | 科学的リテラシー | 平均得点 |
|---|---|---|---|---|---|---|
| 38 | スウェーデン | 478 | スロベニア | 481 | スウェーデン | 485 |
| 39 | ハンガリー | 477 | リトアニア | 477 | アイスランド | 478 |
| 40 | クロアチア | 471 | ギリシャ | 477 | スロバキア | 471 |
| 41 | イスラエル | 466 | トルコ | 475 | イスラエル | 470 |
| 42 | ギリシャ | 453 | ロシア | 475 | ギリシャ | 467 |
| 43 | セルビア | 449 | スロバキア | 463 | トルコ | 463 |
| 44 | トルコ | 448 | キプロス | 449 | アラブ首長国連邦 | 448 |
| 45 | ルーマニア | 445 | セルビア | 446 | ブルガリア | 446 |
| 46 | キプロス | 440 | アラブ首長国連邦 | 442 | チリ | 445 |
| 47 | ブルガリア | 439 | チリ | 441 | セルビア | 445 |
| 48 | アラブ首長国連邦 | 434 | タイ | 441 | タイ | 444 |
| 49 | カザフスタン | 432 | コスタリカ | 441 | ルーマニア | 439 |
| 50 | タイ | 427 | ルーマニア | 438 | キプロス | 438 |
| 51 | チリ | 423 | ブルガリア | 436 | コスタリカ | 429 |
| 52 | マレーシア | 421 | メキシコ | 424 | カザフスタン | 425 |
| 53 | メキシコ | 413 | モンテネグロ | 422 | マレーシア | 420 |
| 54 | モンテネグロ | 410 | ウルグアイ | 411 | ウルグアイ | 416 |
| 55 | ウルグアイ | 409 | ブラジル | 410 | メキシコ | 415 |
| 56 | コスタリカ | 407 | チュニジア | 404 | モンテネグロ | 410 |
| 57 | アルバニア | 394 | コロンビア | 403 | ヨルダン | 409 |
| 58 | ブラジル | 391 | ヨルダン | 399 | アルゼンチン | 406 |
| 59 | アルゼンチン | 388 | マレーシア | 398 | ブラジル | 405 |
| 60 | チュニジア | 388 | インドネシア | 396 | コロンビア | 399 |
| 61 | ヨルダン | 386 | アルゼンチン | 396 | チュニジア | 398 |
| 62 | コロンビア | 376 | アルバニア | 394 | アルバニア | 397 |
| 63 | カタール | 376 | カザフスタン | 393 | カタール | 384 |
| 64 | インドネシア | 375 | カタール | 388 | インドネシア | 382 |
| 65 | ペルー | 368 | ペルー | 384 | ペルー | 373 |
|  | OECD 平均 | 494 | OECD 平均 | 496 | OECD平均 | 501 |

| 凡例 | 説明 |
|---|---|
| 国名 | OECD 加盟国 |
| 国名（網掛け） | 非 OECD 加盟国 |
| 平均得点（濃い網掛け） | OECD 平均よりも統計的に有意に高い国・地域 |
| 平均得点 | OECD 平均と統計的に有意差がない国・地域 |
| 平均得点（薄い網掛け） | OECD 平均よりも統計的に有意に低い国・地域 |

**表1** PISA2012年調査に

| 順位 | 数学的リテラシー | 平均得点 | 読解力 | 平均得点 | 科学的リテラシー | 平均得点 |
|---|---|---|---|---|---|---|
| 1 | 上海 | 613 | 上海 | 570 | 上海 | 580 |
| 2 | シンガポール | 573 | 香港 | 545 | 香港 | 555 |
| 3 | 香港 | 561 | シンガポール | 542 | シンガポール | 551 |
| 4 | 台湾 | 560 | 日本 | 538 | 日本 | 547 |
| 5 | 韓国 | 554 | 韓国 | 536 | フィンランド | 545 |
| 6 | マカオ | 538 | フィンランド | 524 | エストニア | 541 |
| 7 | 日本 | 536 | アイルランド | 523 | 韓国 | 538 |
| 8 | リヒテンシュタイン | 535 | 台湾 | 523 | ベトナム | 528 |
| 9 | スイス | 531 | カナダ | 523 | ポーランド | 526 |
| 10 | オランダ | 523 | ポーランド | 518 | カナダ | 525 |
| 11 | エストニア | 521 | エストニア | 516 | リヒテンシュタイン | 525 |
| 12 | フィンランド | 519 | リヒテンシュタイン | 516 | ドイツ | 524 |
| 13 | カナダ | 518 | ニュージーランド | 512 | 台湾 | 523 |
| 14 | ポーランド | 518 | オーストラリア | 512 | オランダ | 522 |
| 15 | ベルギー | 515 | オランダ | 511 | アイルランド | 522 |
| 16 | ドイツ | 514 | ベルギー | 509 | オーストラリア | 521 |
| 17 | ベトナム | 511 | スイス | 509 | マカオ | 521 |
| 18 | オーストリア | 506 | マカオ | 509 | ニュージーランド | 516 |
| 19 | オーストラリア | 504 | ベトナム | 508 | スイス | 515 |
| 20 | アイルランド | 501 | ドイツ | 508 | スロベニア | 514 |
| 21 | スロベニア | 501 | フランス | 505 | イギリス | 514 |
| 22 | デンマーク | 500 | ノルウェー | 504 | チェコ | 508 |
| 23 | ニュージーランド | 500 | イギリス | 499 | オーストリア | 506 |
| 24 | チェコ | 499 | アメリカ | 498 | ベルギー | 505 |
| 25 | フランス | 495 | デンマーク | 496 | ラトビア | 502 |
| 26 | イギリス | 494 | チェコ | 493 | フランス | 499 |
| 27 | アイスランド | 493 | イタリア | 490 | デンマーク | 498 |
| 28 | ラトビア | 491 | オーストリア | 490 | アメリカ | 497 |
| 29 | ルクセンブルグ | 490 | ラトビア | 489 | スペイン | 496 |
| 30 | ノルウェー | 489 | ハンガリー | 488 | リトアニア | 496 |
| 31 | ポルトガル | 487 | スペイン | 488 | ノルウェー | 495 |
| 32 | イタリア | 485 | ルクセンブルグ | 488 | ハンガリー | 494 |
| 33 | スペイン | 484 | ポルトガル | 488 | イタリア | 494 |
| 34 | ロシア | 482 | イスラエル | 486 | クロアチア | 491 |
| 35 | スロバキア | 482 | クロアチア | 485 | ルクセンブルグ | 491 |
| 36 | アメリカ | 481 | スウェーデン | 483 | ポルトガル | 489 |
| 37 | リトアニア | 479 | アイスランド | 483 | ロシア | 486 |

よく耳にするところである。アメリカのように、一人ひとりの個性を見ぬき、「天才」が生まれる教育をしなくてはいけない。本当にそうだろうか。

結論からいえば、日本が現在「追いつき、追い越せ」と参考にすべきモデルとなる他国はない、と私は考える。アメリカの教育がどれほど問題解決型でアクティブ・ラーニングが活用されているとしても、問題解決能力調査の結果がこれでは、本当に成果が出ているのか疑問を禁じえず、少なくとも単純にモデルとはしにくい。アメリカの、経済格差・教育格差がますます広がりつつある現状をみれば、目指すべき社会の在り方がそこにあるともいいにくい。

当然様々な問題はあるとしても、一般に日本は今のところ比較的平和で安全で清潔な社会であり、生産性が高く質の高いサービスが提供される社会でもある。日本よりも平和で安全で機能性の高い国を見つけるのはなかなか難しい。このような高い文化水準と経済力を兼ね備えた社会を、単純に「今までのやり方は古くさい」と切り捨てるのは、あまりに判断の事実的基礎を欠いたものではないだろうか。

歴史をさかのぼってみるとき、例えば明治維新を成し遂げた人々は、「学力」ということでいえば、徹底的に「素読《そどく》」を中心とした伝統的な教育を受けた人々である。問題解決型学習とは程遠いようにみえる素読を技として身につけた人々が、現実に押し寄せてきた植民地化の波から日本を救い、欧米列強に追いつくという、大きな「問題解決」を成し遂げたのである。あるいは、第二次世界大戦後の焼け野原から立ち上がり、世界第二位の経済大国にまで成長を遂げ、同時に平和で民主的な社会を作り上げてきた人々の中心は、戦前の教育を受けた世代の人たちであった。個性や主体性とはかけ離れた教育を受けたようにみえる人たちが、昭和二十年代、三十年代に、爆発的な学習意欲を示し、これまた「問題解決」を成し遂げた。

つまり、日本の近代史において、最も主体的に動き問題解決を成し遂げた世代とは、現在でいうところのまさに「伝統的な教育」を受けた人たちであった。この事実をしっかり確認しておきたい。

教育には逆説というものがある。個性を尊重しようというスローガンのもと、教育改革を進めてきたこの三十年間に、はたして個性化は進んだのであろうか。むしろ明治、大正、戦前生まれの人々の方がより精神的に強く個性的であったようにも思える。ゆとり教育の時期に学校教育を受けた生徒たちが、その「ゆとり」を活用して、以前の世代がやりたくてもできなかったような主体的な勉強をし、知的好奇心を持って学習に取り組んだという事実も特に見受けられない。単に勉強時間が減っただけという方が事実に近いだろう。

教育現場においては、いかにも聞こえのよい理想をかかげることだけが是とされるべきではない。仮にベストではないとしても、現実に一定の効果が保証される、間違いのない安定的な教育方法を提案することも、重要な大人の責務である。

## 東アジアの強み

先ほどみたPISA二〇一二年調査の結果に戻ると、総じて東アジアの国・地域が上位を占めている。繰り返すがこれは記憶中心の学力テストではなく、問題解決能力調査である。ここにも逆説があるように思う。

もともと東アジアの国々は、勉強に対する意欲が高いといわれる。韓国でも中国でも、高校入試や大学入試で非常に厳しい競争が行なわれる。興味や関心といった要素よりは、とにかく試験で求められる学力を身につけることに毎日夜遅くまで必死に取り組む。その中心は記憶であり問題演習である。いかにも伝統的な学力を問う試験に対して、伝統的な学習法で地道に忍耐力を持って取り組むスタイルが、東アジアの一般的な学習スタイルである。

私見だが、これには科挙《かきょ》の伝統の影響もあるのではないだろうか。かつての中国では、「四書五経《ししょごきょう》」の暗記を中心とする知識を習得することが、官職を獲得することへの道となった。そのための試験が科挙である。記憶を中心とした勉強をすることが将来をひらく。そして科挙の試験を通った者が重要な役職に就くことができる。そうした試験のシステムが中国で行なわれたことの文化的影響を、韓国や日本も受けているのではないだろうか。

こうしたいかにも「知識詰め込み型」の、科挙型試験の在り方には当然批判もある。もっと思考力や人間性、意欲をみるべきだという批判ももっともである。しかし、いわば「科挙文化圏」にあると思われる東アジアの国々が、問題解決能力調査の国際比較で上位を独占しているという事実はもっと注目されてもよいだろう。科挙型の伝統的な試験に向けて勉学を続けている地域の方が、問題解決能力にも優れているという「教育の逆説」が、実際に生じているからである。

とにかくまずは、欧米風のアクティブ・ラーニングを本格的に導入していない国々がむしろ問題解決能力調査の結果に優れているという事実に注目し、浮足立たないことが肝要である。一時期、この調査で上位にあったフィンランドは、思考力を伸ばす教育方法を実践しているとして注目された。もちろんその教育方法にはいいところもあるが、少なくとも二〇一二年の結果では、フィンランドは三項目とも日本より下位に位置する。

## 日本流アクティブ・ラーニングの歴史

しかもじつは、日本がこれまで伝統的な学力ばかりに目を向けて問題解決型学習をしてこなかったというのは事実ではない。例えば日本の小学校は、すでに日本流のアクティブ・ラーニングを戦後七十年間実践してきている。子どもたちが調べた内容を模造紙に書いて皆の前で発表したり、クラスでやるべきことを話し合いによって子どもたち自身が決めたり、といった授業の仕方は、まさしくアクティブ・ラーニングの手法である。

教師たちは発問を工夫し、クラス全体が深く考えられるように授業を活性化させる。班活動を基本とし、様々な授業で話し合い学習が活用されている。日本の小学校では、戦後まもなくから、このような対話的で協働的なアクティブ・ラーニングが志向され、実践されてきた。その積み重ねがＰＩＳＡ型の問題解決能力調査での好成績につながっている可能性も考えられる。

## 両輪としての二つの学力

小学校に限らず中学高校の授業においても、教師によってはアクティブ・ラーニングをすでに取り入れている、というよりも、アクティブ・ラーニングなどという名称がない頃からずっとそれに相当する授業を実践してきている。

「伝統的な学力観」のもとにあった昭和三十年代、四十年代からすでに、優れた教師たちは、子どもたち一人ひとりの気づきを促し、子どもたち相互の活動を通じ、より高いレベルの知へと子どもたちを導いていた。「新しい学力観に立つ実践」を先取り的に行なっていた。日々の授業で生徒たちの意欲を高める工夫を様々に施しつつ、同時に伝統的な学力をきちんと身につけさせるという結果を出してきたのである。

「面白い」という感動の喜びと、「できる」という習熟の喜びとを二つとも達成してきた教師たちがすでにたくさんいたのだ。そうした優れた教師たちの実践を研究するのが私の専門であった。アクティブ・ラーニングという流行語を喧伝するあまり、これまでの日本の教育はダメであったと思い込むとしたら、それは大きな誤解と偏見である。

私自身、教員養成に三十年近く従事してきて感じるのは、日本の小中高校の教師たちはとても一所懸命やってきているということである。そのことは何度言っても言い過ぎることはない。外国の教育方法を「進んだもの」として取り入れることに躍起になるのはそろそろやめて、戦後七十年、この国の現場の教師たちが試行錯誤しながら取り組んできた実践をしっかり評価することが重要であろう。記憶を重視する伝統的な学力と、主体性を重んじる新しい学力の、どちらが優れているとか、どちらかだけ伸ばせばよいという話ではない。両者が両輪となることが、真の学力であるとするなら、優れた教師たちはどの時代でも、この二つの学力を同時に伸ばすことができていたといえる。

むしろ、現在の日本でアクティブ・ラーニングの導入がとりわけ必要と思われるのは、大学教育であると私は考えている。大学教育に関しては、アメリカの一流校のアクティブ・ラーニングに学ぶべき点が多々あるが、それはひとまずおいて、これまで日本の小中高校における教育の中で、すでに行なわれてきた優れた指導の例を少しみておくことにしたい。

### 作文の可能性

実際に、文科省から出された「新しい学力観」に立つ指導の指針をみると、「こうしたことはこれまでの学校教育でも行なわれていたことではないか」とも思えるものが多い。

一例として挙げられるのは、誰もが経験したことのある「作文」である。新しい学力の評価の柱の一つは、先ほどみたようにレポートである。レポートと作文はどう違うのか。作文という教育文化を「新しい学力観」と連動させ発展させることはできないのであろうか。作文の可能性とはどのようなものか。

誰しも経験があるように、日本の小学校教育では、伝統的に作文が重視されてきた。運動会、遠足など行事が終わるごとに、作文の時間が設定され、「感想」を書くことが求められた。

こうした作文の授業が「本当に力になったか？」と問われれば、肯定的意見と否定的意見が入り交じるだろう。肯定的意見としては、文章を書くことに慣れた、体験を言葉にすることでしっかり経験として定着させられた、など。否定的意見としては、なんとなく文章を書かされただけでためになったという実感はない、大体いつも同じような課題で同じようなことばかり書いていて時間の無駄だった、という人もいる。

作文は日本の教育の中では一つの文化といっていいような、長い歴史を持っている。その代表的な実践例が、「生活綴方《つづりかた》」教育である。これは一九一〇年代に入る頃に現れた教育方法で、基本は、子どもたちが自分の生活を見直して、それを題材にした文章を自分の言葉でありのままに書くことである。自分の生活を取材し、構想を練り、記述し、推敲する。こうした作文を書くことにより、自分の生活を表現することになる。

教科書が一般的な学問の成果の結集であるとするならば、生活に基づいた作文である「生活綴方」は自分自身の生活が作文の題材になる。運動会の作文を書くと、どうしても全員が似たような作文を書くことになりがちである。「リレーに出られてうれしかった」「二人三脚が楽しかった」などといった、深みのない感想が羅列されやすくなる。これは子どもの責任とばかりはいえない。題材が運動会という同一のものであるために、内容が似てきてしまうのだ。

これに対し、子どもたちの日々の生活は様々な様相をみせる。家族の構成も異なれば親の職業も異なる。家の雰囲気も違うし、子どもの家庭での立ち位置も違う。家族の気質まで掘り下げれば、いわば唯一無二のリアリティがある。これをきちんと記述し、描写すれば、それは立派な自己表現となる。自分だけでなく、自分を取り巻く世界も表現するのがトータルな自己表現といえるからだ。

### 生活綴方運動の展開

生活綴方運動の歴史を簡単にたどってみると、その本格的な始まりは、一九二九(昭和四)年、小砂丘忠義《ささおかただよし》が『綴方生活』という雑誌を編集したところに求められるだろう。その後、主に東北地方で秋田県の青年教師が中心となり、一九三〇(昭和五)年に雑誌『北方教育』が編集された。これは社会科学的観点から生活を見る目を、生活綴方をとおして学ぶものであり、「北方性教育」と呼ばれた。

こうした一九三〇年代の生活綴方運動以前に、その流れを導いたものとして、芦田恵之助《あしだえのすけ》による「随意選題」の提唱と、鈴木三重吉らによる『赤い鳥』(一九一八〈大正七〉年創刊)運動があった。

芦田恵之助の主張は、簡単にいえば、作文を書く時に題を生徒に自由に選ばせるものである。それまでの「綴方」という授業では、花見という題ならばみんなが花見について書いていた。さらに用いるべき定型文が決められていた。これでは子どもたちの個性が出にくくなる。芦田は子どもたちに自ら作文の題を選ばせ、自分の興味あるものを書くことを提案したのである。

鈴木による『赤い鳥』運動は、子どもたちのリアルな感覚や考え方を大切にする運動であり、そうした「ありのまま」の感覚を文章で表現することを提唱した。実際に『赤い鳥』に投稿され、掲載された児童の作品が多くある。子どもたちの作品がいわば一つの文学作品として評価される、そのような場を作ったことに『赤い鳥』運動の大きな意義がある。

これが「生活綴方」運動の前史である。さらに第二次大戦後でいうと、一九五一年刊の『山びこ学校』が注目を集めた。山形県の中学校教師である無着成恭《むちゃくせいきょう》が、教え子たちの生活記録をまとめて本として出版したものである。

こうした綴方教育において、子どもたちは「自分でテーマを見つける」ことになる。これはまさに、一人ひとりの意欲や周囲への関心を求める、新しい学力と本質においてつながるものである。本来子どもたちはそれぞれの家庭環境で生き、生活している。その生活を細部にわたって見つめ、記述することで、自分の周囲への見方が深まるとともに、自分の心の在り方もわかるようになる。

ここでは作文が上手に書けたかどうかが問題なのではなく、しっかりと自分の生活と自分自身を見つめることができたかが重要になる。「自分探し」という言葉が流行したことがあるが、生活綴方運動は、自分の生活を、作文をとおして表現することで、自分を掘り下げるという営為であったといってよい。

生活綴方運動は国語教育の一環であるが、国語という教科の枠を超えて、生活全般に広がる教育運動であった。

**名作『綴方教室』**

具体的な例を挙げておくことにしよう。生活綴方運動の典型的成果の一つは、豊田正子著『綴方教室』(山住正己編)である。これは東京下町に暮らすブリキ職人一家の生活を題材に、その家の娘である小学生の豊田正子さんが綴った文章をまとめたものである。彼女は一人で七編の作品を『赤い鳥』に送っている。

その中の一つ、「自転車」では、父の自転車が盗まれた出来事が語られる。大変だという家族の会話に続いて、自転車を盗まれて、歩いて仕事をしなければいけなくなった父の苦労が綴られる。

母ちゃんは又、

「うらからいけばよかったんだにな。あんなりっぱなへいがまわってんだから」といって父ちゃんの方を見た。父ちゃんは、

「うん、そうだったよ。おれも、今になりゃ、そうも思うけんどな、なんてったって、はァおっつかねえや。だけんど、どこのちきしょう、持っていきゃぁがったか。かんがえのねえやつだ。おれのようなこまってるもののをかっぱらうなんて。おまけに、ほそびきのたけえのが三本もくっついていたのに。ほんとに、おれがこんなにこまっているのに、ちくしょう、いい死に目にゃあえねえぞ」と、ぶつ〳〵いいながら、重たそうにゴムたびをぬぎました。

ざしきへ上《あが》ると、父ちゃんは火鉢のそばであぐらをかいたまま、頭をさげてかんがえこんでいた。母ちゃんは、片手のゆびを開いて両方のこめかみをもみながら、父ちゃんと向《むか》いあってだまっていました。なんだか、私もかなしくなってしまいましたが、私はそのう

ちにねむってしまいました。

新しい自転車を買うことになり、それにお金が必要となる。

ぬすまれたのは、十二月のすえでしたから、もう、くれの用意はできていたのですが、自転車をぬすまれたおかげで、お金《かね》をつかったので、稔《みの》ぼうと光《みつ》ぼうの着物は出来たのですが、私の着物はとう〲買ってもらえなくなってしまいました。（中略）いつもなら、家《うち》へもどってから、さんざんもんくをいってなくのでしたが、母ちゃんや父ちゃんの困っているのを知っているのだから、それもできませんでした。ほんとうに、きょねんのくれのことを思うとおあしなんて一銭だってむだにはできません。

イタリアのネオレアリスモ映画「自転車泥棒」（一九四八年）は、敗戦後のイタリアで、ようやく仕事にありついたばかりの男が自転車を盗まれ、警察に届け出るも相手にされず探しまわったあげくに、他人の自転車を盗んでしまう悲しさを描いたものであるが、同じようなリアリズムが感じられる作品である。

豊田さんの文章を川端康成は、こう高く評価している。「どんなに老練な作家でも、此子供《このこども》の文章に接して、自ら省るところがあろうし、またかなわないと思うだろうと言うのは、そこに文学の故郷の泉を見るからである。そしてまた、どんな子供も大人も、この『綴方教室』的の心の眼を底に持っているはずだということを土台として、文学なるものは成り立っているとも考えられるのである。そう考えさせてくれるのは、一少女豊田正子の広大無辺な手柄と言わねばならぬ」。

『綴方教室』は映画や演劇にも取り上げられることになった、記録文学の名作といえる。生活のリアルな実態を見つめ、虚飾なく記述する目を持つことは、「生きる力」の強さにつながる。生活を直視し、文章にすることで、強さが身につくのである。

## 過去の中にヒントあり

「新しい学力」でいわれる問題解決型の学習というのは、ケーススタディが多くなりがちである。そこでのケースとは、自分自身の生活の切実な問題というよりは、なにかしら問題として設定されたケースであることが多い。「～という問題がある。どう解決するか」という形で問題が出される。生徒がそれを話し合って解決するのは大事なことであるが、それが生徒個人にとってどれだけ切実かといえば、必ずしもリアルなものではない。

生活綴方のよさは、自分の生活、誰のものとも取り換えることができない自分の生活を見つめている点にある。問題解決型の設問をたくさん解いてパターンを身につけ、知的に解決する力を伸ばしていくことはもちろん有意義である。しかし、本当の意欲・関心とは、そうしたケーススタディのパターン練習とは違う次元にあるはずではなかろうか。

生活綴方の実績は日本の教育史に残る達成である。運動会や遠足の作文とは異なる、深い次元での思考と記述がここにはあった。この生活綴方運動を新しい学力という観点から見直してみることは、日本流の自己表現の伝統を再評価することにもなる。

新しい学力が語られるときに、アクティブ・ラーニングやメディア・リテラシーのような輸入された言葉がキーワードとされることが多い。しかし、日本の今までの教育実践の厚みは世界に誇ることができる。生活綴方をはじめとした国語教育、郷土学習を発展させた社会科教育、実験を重んじた理科教育など、日本の教師たちが積み上げてきた実践は、いま求められている新しい学力をまさに実践するものであった。

アクティブ・ラーニングという呼び方であたかも新しいものが始まったというとらえ方は実態に即していない。外国から新しい波が来たという浮足立った観点で新しい学力をとらえるのではなく、日本の優れた教育実践を見直すことが、まさに本質的なアクティブ・ラーニングのヒントを得る王道であると私は考える。

これからの教育で、本当に求められるものは何か。真に必要な学力とは何か。章を改めて、次にそのことを考えてみたい。

# 第三章　本当に求められているものは？

## 1　「両手」で対処する

### 知識習得の重要性

前章では、現在実施されようとしている「新しい学力」を求める教育の、いくつかの落とし穴をみた。では、どうすればいいのだろうか。本物の「生きる力」を伸ばすには、どのような教育方法、学習スタイルがふさわしいのだろうか。

私の結論を先取りしていうならば、それは、伝統的な学力が求めている基本的知識の習得を中心とする教育「内容」を、新しい学力で求めている学びの「スタイル」で学習していくという道である。

まず認識すべきは、伝統的な学力において重視されてきた、基本的な知識習得の重要性である。大学の法学部や医学部の勉強を考えてみれば、このイメージはわきやすいだろう。たとえば同じ文系でも文学部などとちがって、法学部のカリキュラムは比較的定まっており、憲法、民法、刑法などの基礎知識を学ばない学生はいない。いくら「主体性」「自由な発想」といったところで、まずこうした法律についての基礎知識をしっかり身につけた上でなければ、現実の複雑な問題に対して法的観点から思考することは不可能だからである。

医学部でもそれは同じで、解剖学や免疫学など、医療に携わるためには絶対に必要とされる様々な知識内容が必修科目として多数用意されている。私が医学部の教授に聞いた話では、医学部の学習の九十五パーセントは記憶することによって行なわれるそうだ。身につけるべき基本的な知識が非常に膨大なので、それらを記憶すること自体が大変ハードなものとなるのである。

しかしそうした基礎知識がなければ、現実に誤診をしてしまう可能性が高くなる。いくら人柄がよく思考力があるといっても、基本的な医学の知識がなければ、適切な治療は施せず、患者を治せないのである。問題解決能力だけを鍛えても、体系的な知識を漏れなく正確に記憶していなければ、実際の仕事は不安定になることが明らかな例であろう。

問題解決能力は、現代社会で当然求められる力である。しかしそれをあまりに一般化してしまうと、「問題解決能力があればそれでよい」という大きな勘違いが起きる。社会のそれぞれの領域には、それぞれの専門的知識があり、これを学ぶには体系的学習が必要になる。物理学には物理学の体系的知識がある。いくら問題解決能力に優れていても、それだけでは、物理や数学の専門的知識を駆使しなければ解決できない問題に取り組み、具体的な成果を上げることはできない。

伝統的な学力は、学問的知識を習得することを重んじる。学問的知識とは人類が積み上げてきた知的な文化遺産であるからだ。価値のある学問を学習しやすいように体系的に順序立てたものがカリキュラムである。そのカリキュラムどおりに学習していけば、知識内容が身につけやすくなる。

確かに、この学習は受け身的である。問題を自分で設定しているわけではなく、自分の好奇心に従い知識を再構成するわけでもない。しかし、こうした知識をしっかりと身につけた人間は、生涯にわたってその知識内容を活用することができる。

「単なる暗記ではダメだ」という一見もっともらしい言説を信じて、人類が積み上げてきた価値ある知的文化遺産の体系的習得がおろそかになるとすれば、きわめて残念で惜しいことである。

## 学習方法を工夫する

基本的なポイントに立ち戻ると、新しい学力とは、特定の学問領域と対応するものではない。思考力という物事の考え方そのものを中心とするが故に、新しい学力の背景となる学問体系はじつは曖昧なものである。したがって、「新しい学力」という名の科目を作ることは難しい。

目の前の問題状況を分析してその中から課題を発見し、解決のために必要な情報を収集し、他者と協働的に取り組む。これは知識内容というより学習方法そのものである。問題を発見し、そしてグループで話し合いながら解決法を出し合うというプロセスそのものが、新しい学力の本質となる。

しかし、だからこそ、既存の科目といかようにも組み合わせることができる。私が強調したいのはそこである。新しい学力を伸ばす授業は、既存の伝統的な科目といくらでも併存可能なのである。

例えば国語の時間ならば、基礎知識の学習に加えて、問題解決型の学習に即した問いを立ててみればよい。芥川龍之介の『羅生門』を題材にするなら、下人があのような行動をとったのにはどのような背景が考えられるか、老婆と相対した下人の心境はどのように変化したのか、あるいは、その後下人はどうなったのかといった問いを立て、思考を深化させていく。これは新しい学力的な読解力といえる。

数学、理科、社会、英語といった科目でも、新しい学力に見合う学習方法が考えられる。

社会科はいわゆる暗記科目の代表とされるが、そこでも問いの立て方によって、いくらでも思考力を伸ばしていくことが可能である。二〇一六年、なぜ英国民の過半数はＥＵ離脱を選択したのか。そこから派生して、ＥＵは歴史的にどのように作られ、今後どのように変わっていくと思われるか。これらの問題について、歴史の教科書のみならず新聞の記事なども材料にして皆で調べ、そしてディスカッションをする。そうすることで、ＥＵに関する知識を習得するとともに、複雑な問題に対処していく問題解決能力のトレーニングにもなる。

他にも、「宗教改革はなぜ起こったのか」「市民革命はその後の世界にどのような影響を与えたのか」「社会主義思想を体現したソ連はなぜ崩壊したのか」など、問いの立て方次第で、社会科の知識を習得しつつ、その知識を新しい学力のトレーニングに用いることができるのである。

体系的な知識内容を問題解決型の方法で学習することで、一方では基本的学問知識を習得し、もう一方で問題解決能力を鍛えていく。いわば、右手で体系的な知識内容をつかみ、左手で問題解決能力をつかみ、両手でしっかりと現実に対処していくのである。私は、この「両手」の在り方こそが目指すべき総合的な学力であると考える。

### 右手と左手で、二兎を追う

記憶を中心とした伝統的な学力を身につけることを続けるのか、あるいは問題解決型の新しい学力に傾斜していくのか。「両方」を求めることは一見すると二兎を追うようでありながら、二兎は右手と左手で同時に追うことができる。思いつきで何とかなるような問題をゲームのようにいくつか解いてみたところで、体系的学問知識は身につかない。しかし、体系的な知識内容に問題解決型の思考を徹底的に持ち込むことで、二兎を捕まえることができるのである。

一例として、東京大学の入試で出題された世界史の問題を見てみよう。平成二十八(二〇一六)年度の出題である。

第二次世界大戦後の世界秩序を特徴づけた冷戦は、一般に一九八九年のマルタ会談やベルリンの壁の崩壊で終結したとされ、それが現代史の分岐点とされることが少なくない。

だが、米ソ、欧州以外の地域を見れば、冷戦の終結は必ずしも世界史全体の転換点とは言えないことに気づかされる。米ソ「新冷戦」と呼ばれた時代に、一九九〇年代以降につながる変化が、世界各地で生まれつつあったのである。

以上のことを踏まえて、一九七〇年代後半から一九八〇年代にかけての、東アジア、中東、中米・南米の政治状況の変化について論じなさい。解答は、(中略)二〇行以内で記述し、必ず次の八つの語句を一度は用いて、その語句に下線を付しなさい。

アジアニーズ(アジアの新興工業経済地域〈NIES〉)　イラン＝イスラーム共和国
グレナダ　光州事件　サダム＝フセイン　シナイ半島　鄧小平　フォークランド紛争

東大の世界史の入試問題では、例年こうした論述問題が出される。いくつかの提示されているキーワードを使い、論理的にしっかりした文章を作ることが求められる。この問題に対処するためには、基本的な歴史の知識が必要である。しかし、「〜年に〜が起こった」というような一問一答的な記憶だけでは、歴史の流れを自分で再構成し、論述することは難しい。普段から、「なぜそのようなことになるのか」というプロセスをつかむ問題解決型の思考をしていることが必要となる。

歴史の知識がなければ、その場でただ適当なことを書くしかなくなる。一方で、用語を暗記しているだけでは流れを記述できない。東大入試の世界史の問題は、知識の記憶と、論点を整理し記述する問題解決能力が合体してはじめて解けるタイプの問題である。大学入試問題がこのようなものであれば、それに対する勉強法も、記憶と問題解決を両輪とする健全な勉強法になるはずである。

これに対し、厚めの教科書でもほとんどふれられていない、重箱の隅をつつくような知識を聞く問題ばかりが出される大学もある。そのような問題に対処しようとすれば、ひたすら暗記で対処するほかなくなる。試験問題が良問であるかどうかが、受験者の勉強のスタイルを決めていくのである。何を学力として評価し、どのような試験を課していくのか。これが学習に対して決定的な影響を与えるのだ。

## 本当に社会で求められる能力とは？

第一章でみたように、新しい学力観においては、学ぶ意欲自体が評価される。積極的に問題解決に向かう姿勢をみせることが求められる。しかし、このことから、従来の伝統的な学力を身につけ、試験に臨んできた者たちが意欲に欠けていたと考えるのは妥当でない。

自分の関心や好奇心に従って問題を考え、レポートにした人間だけが意欲があるとするのはフェアではない。体系的な知識内容を毎日地道にトレーニングして身につけてきた者の持つ、いわば「耐える学力」は当然評価されていいものである。

これは、学生時代を終え、社会に出てからのことを考えればよくわかる。仕事においても、必要とされる知識内容は自分が興味関心が持てるものとは限らない。部署が変わるごとに、身につけるべき基本知識はその都度新しく大量に提示される。それを記憶し、活用できるというのは、むしろ伝統的な学力をトレーニングしてきた人間が得意とするところである。多くの仕事においては、すでに業務内容がしっかりあるものを正確に運用することが求められるし、仕事の段取りを把握し、職業的に求められる成果を期日内に仕上げる必要がある。これは伝統的な学力を積んできた人間には慣れた活動である。

つまり、社会でよく耳にする「社会で求められる仕事力は、学校でやるような暗記ではなく問題解決型の能力だ」という意見は、必ずしも実態に即していないと私は考える。プロフェッショナルな仕事をしていくためには、まずその仕事に必要な知識を記憶する必要がある。マニュアルを記憶し、技として活用していく力は、伝統的な学力に近い。その上で、現実の問題に柔軟に対処していく問題解決能力が求められるのである。ここでも、二兎を捕まえることが必要になるのだ。

## 意欲を引き出す二つのルート

新しい学力では学ぶ意欲を基本に据えるため、個人の興味や好奇心が重要視されることが多い。確かに、個人の興味や好奇心から出発する学習は理想的ではある。しかし、微分積分の公式、気体の状態方程式や運動方程式、古文の動詞の活用形といった知識に、一体どれだけの小中高生が興味や好奇心を「自然に」持つであろうか。

試験と評価という強制力があるからこそ、苦手な科目や気の進まない科目の勉強も「しなくてはならない」と思ってする。やがて勉強をしているうちに「ああそうだったのか！」という学びの喜びが起きて、自ら学ぶ意欲がわいてくるのがむしろ普通なのではないか。一定の強制力がなければ、面白く思えたはずの勉強を面白く思わないまま終わるという、きわめてもったいない事態が起こりうるのである。

学ぶ意欲は二つのルートで形成されると思われる。一つは、何らかの理由で学習の初期段階からその内容に興味・関心があり、自分から学びたいと思うルートである。歴史ドラマを見て歴史に興味を持つ、惑星の図鑑を見て天体に興味を持つといったことがそれである。この意欲を親や教師が上手く誘導し、上手にテキストを選び、励ましてあげれば、子どもたちは自然と正しく学んでいく。これが「面白い！」から意欲につながるルートである。

もう一つの意欲へのルートは「できた！」が先行してから意欲がわくルートである。はじめは上手くいかなくても、頑張って練習問題を解いているうちに、簡単な応用問題が解けるようになる。二次方程式のグラフに最初から興味・関心を持ち、面白いと思う生徒は少ない。しかし、二次方程式のグラフを正確に描き、関数の最大値などが求められるようになると「できた！」と思うようになる。できることが喜びになり、次の学習に対する意欲が生まれてくる。「今はあまり面白いとは思わないが、頑張って地道に記憶し、練習すればきっとできるようになる」という思いで勉強するのは、まさに学ぶ意欲である。問題解決型の学習ばかりが学習ではない。伝統的な学力を身につけることも、意欲の持続なくしてできることではないのである。

「面白い！」からどんどん学びできるようになるのと、「できた！」から面白さがわかるというルートはどちらでも構わない。教師のやり方によって前者をとる人もいれば、後者をとる人もいるだろう。面白いと思うことを優先させる前者ばかりがよいとは限らないのである。

## 「型」の重要性

日本で伝統的に行なわれてきた「型」の教育は、後者のルートである。「型」とは、武道を中心にいわれることが多いが、勉強にも存在する。一言でいえば、初心者が一人前になるための教育プログラムである。例えば、剣道の素振りや、国語の素読、数学の計算練習などである。型をやるときに、面白いか面白くないかはあまり関係がない。しっかりと型を反復練習することで、一通りの基本的動作が自動的にできるようになる。できるようになることが増えるに従って、面白さも増えてくる。達人たちの経験値が凝縮したものが型である。その型をひたすら自分の身体で反復的にトレーニングし、技として活用できるようにする。

こうした学習方法は「個性的」でもなければ「主体的」でもないように思える。しかし、型を地道に何千何万回とトレーニングすることで、しっかりとした技が身につく。そうして習熟すること自体が喜びとなり、習熟することへの意欲が増してくる。日本が得意としてきた「型の学習」は、これからも堅持していきたい大切な学習方法である。新しい学力に夢中になり、アクティブ・ラーニングといった手法に気を取られ、型の学習がおろそかになると、日本人が最も得意とする武器を自ら捨てることにもなりかねない。

## 感動と習熟と

学ぶ意欲の、「面白い！」という感動から出発する意欲と、「ようやくできるようになった！」という習熟の喜びから出発する意欲、この二つを両立させるには、どんな指導をすればよいのだろうか。

何よりまず原点になるのは、親や教師が、様々な知識に対して「すごい！　すごすぎるよ〇〇！」と感動することだと私は考えている。そして、その感動を子どもたちに伝えていく。この「憧れに憧れる関係性」を作ることが、学習の出発点である。何かをすごいと思い、憧れるから学ぶ気になるのである。

化学なら、とにかくまず「すごい！　すごすぎるよ元素周期表！」とクラス全員で声に出す。そのあと、教師が周期表のすごさを説明する。生徒たちは、その話を理解した上で、もう一度「すごい！　すごすぎるよ元素周期表！」と言う。二度目に声に出したときには、生徒の声に、周期表は本当にすごいものだという感動にあふれているようにする。これは教師の説明能力にかかっている。

教科書は冷凍食品のようなものである。解凍しなければ食べられない。これを解凍するのが教師や親の感動である。教科書は、本来「すごい！」知識だけで構成されている。ただそのすごさが伝わりづらい記述スタイルになっている。感動による解凍作業が必要なのだ。子どもは、教師や親が解凍した食品に感動する。感動があれば、覚えようという気が起きてくる。

その上で、「あれこれ考えないでまずやってみよう。やっていればできるようになるから」と子どもたちを誘導する。実際にやってみると、確かに問題が解けるようになる、あるいは、確かに知識を身につけられている実感がある。そこに至ってようやく子どもは自分の習熟に自信を持ち、それが次の学びへの意欲となるのである。

あれこれ議論したり自分の意見を言うことはなくても、素直に効果的な型やメソッドを実践することで、技量や学力は上がっていく。このような素直な学習者の態度を主体的でないと批判するのは的外れである。社会生活では求められる知識や技能がある。それらを素直に身につけていく学習者を、単純に「受け身であって主体的ではない」と評価するのは妥当ではない。

## 2 「人材」を考える

### 社会で求められる「人材」

現行の学習指導要領の柱は「生きる力」である。「生きる力」は知・徳・体のバランスがとれた力のことである。変化の激しいこれからの社会を生きるために、確かな学力、豊かな人間性、健康・体力という、知・徳・体をバランスよく育てることを目標としている。

ここでいう、「確かな学力」とは、「基礎的な知識・技能を習得し、それらを活用して自ら考え、判断し、表現することにより、様々な問題に積極的に対応し、解決する力」である。また、「豊かな人間性」とは、「自らを律しつつ、他人とともに協調し、他人を思いやる心や感動する心など」である。そして、「健康・体力」とは「たくましく生きるための健康や体力」を指している。

こうした目標としての「生きる力」の必要性に疑問を挟む人はいないだろう。誰がみてもおよそ必要な目標である。

一方で、これが目標として漠然としすぎているのも否めない。問題解決型学習や、アクティブ・ラーニングは、より具体的に現代社会を生きていく力を身につけさせようとするものである。ここには、全人格的に身体も含め豊かに育てたいという思いが柱となると同時に、現代社会で求められる「人材」を育成するという要素が加わっている。

## 経済活性化のために

現代社会で最も変化が激しいのは経済である。経済が悪ければ国全体が沈滞化する。そこで、経済を活性化させられる人材が社会として求められる。

したがって、学校教育にもそのような人材を育成することが求められるようになる。与えられた課題をひたすら反復する従順さだけでは十分ではない。ドラッカーは、知識社会の特徴として、一人ひとりがエグゼクティブであることが求められる時代が来たと述べている。

かつては、自分で問題状況を見極め、当事者意識をもって問題解決をしていく力は、労働者の全員に求められるものではなかった。しかしイノベーション（刷新）の速度が高まり、つねに技術やサービスの進化が求められるようになった。この変化の激しい環境を乗り切っていくためには、一人ひとりが実践的な問題解決能力を身につけることが求められる。

この課題は容易なものではない。さらにグローバル化が進み、仕事に求められる能力がよりスピーディでクリエイティブなものになってきている。パソコンが仕事に導入され、以前の数人分の労働を一人でするようにもなってきている。より意識の活性化した学習スタイルを身につけ、ＩＣＴ機器を活用し、英語でコミュニケーションもできる人材がビジネスの現場で求められるようになったのである。

こうした社会的要請に応える面を「新しい学力観」は有している。一人ひとりが個性と主体性を持ち、幸福感のある人生を豊かに生きていく面と、経済活動において有益な人材となる面がともに目指されている。この二つは矛盾するものではない。経済的な豊かさもまた、幸福で豊かな人生の重要な基盤の一つであるからだ。

## みんながジョブズになるべきか？

労働者に求められる能力が変わってきただけでなく、「経営者」もまた新たなフェーズ（段階）の能力が求められ始めている。

会社を経営する能力を評価することは難しく、ドラッカーは『経営者の条件』の中で「様々な経営者を見てきたが、共通点は成果を上げるという一点であった」と述べている。気質や能力は様々だが、優れた経営者は必ず成果を上げている。評論家の立場でよい意見を出せる人間が、監督や経営者となったときに上手くいかないことも多々あるだろう。

優れた経営者を育てようとする発想の背景には、イノベーションのできる人材を育てようという期待がある。新しいアイディアを出し、成功を収めることができる人物を育てることを期待している。

これは単純化すれば、アップル社を作ったスティーブ・ジョブズのような人間を出すことを目指しているといっていい。世界になかったものを創り出し、強烈なリーダーシップでビジネスとして具体化し、世界のスタンダードにする。このような力を持った人間がいれば、日本経済も活性化することが期待できる。

しかし、ここには疑問がある。はたして、スティーブ・ジョブズは教育によって生み出されたのだろうか。スティーブ・ジョブズはアクティブ・ラーニングやケーススタディ的な教育を受け、優秀な成績を修めたから、あのようなイノベーションを起こすことができたのか。ジョブズの中にある使命感や美的な感性は、彼のイノベーションを起こす力の根本的なものであったが、そうしたものを「新しい学力観」は柱に据えているのか。

そもそも、みんながジョブズになることは望ましいことなのだろうか。全員がジョブズであった場合、はたしてアップル社は現在のような業績を上げることができたであろうか。ジョブズはエレベーターでたまたま一緒になった社員と会話し、それが気に入らないとすぐにクビにしたともいわれているが、はたしてそのような人間性は目指されるべきものなのか。こうした疑問は次々に浮かぶ。

日本の経済が停滞気味であるという不安から、ジョブズのように個性的でクリエイティブな人間の出現を期待する気持ちは理解できる。しかし、日本経済停滞の原因には、イノベーションの力が弱いことよりは、人件費の安い国で大量に商品が生産されることに勝てなくなった、成熟社会の宿命がある。少子高齢化の進行が人類初ともいえる速度で進む中で、むしろ健闘しているともいえる。

日本のイノベーションは集団の力でつねに向上してきた。商品一つ一つの精度は極限まで高められ、コンビニの商品一つとっても進化が止まらない。モノのみならずサービスも進化している。空港や新幹線の清掃でも、細かな工夫がつねに積み上げられ、迅速かつ清潔な作業がなされている。これは日本人の多くがイノベーションの力を持っている証《あかし》である。

しかし、現実に今、イノベーションをし続けている人が、新しい学力を伸ばす教育を受けたわけではない。先にも述べたように、日本の戦後復興を成し遂げた人々は、戦前の教育を受けた人々である。強烈な意欲を持ち、実現させる心の在り方は新しい学力の柱であるともいえるが、事実として、それらは伝統的な学力の教育で実現されてきたのである。

## フランクリンの精神

そもそもなぜ、こうした一連の教育改革が始まったのか。その背景の一つに、経済的状況の悪化がある。日本ではなぜか、経済が上手くいかなくなると、経済的施策のみならず、様々な分野でアメリカの真似をしようという動きが出がちである。しかし実際にはアメリカがつねに模範となるとは限らず、教育の成果ということで言えば、先述のようにPISAの調査においてもアメリカは日本より下位の水準にある。ならば、アメリカの教育が素晴らしいという前提は、どこから、どういう根拠でいわれているのか。私はつねに疑問を抱いている。

また同時に、本当にアメリカ的な資本主義の精神を日本に根づかせるというのならば、考えるべきことは別にあるだろう。

原点をさかのぼれば、資本主義の精神を代表するのはベンジャミン・フランクリンであると、マックス・ウェーバーは『プロテスタンティズムの倫理と資本主義の精神』の中でいっている。資本主義はプロテスタント的な禁欲的合理主義を基盤として発達したものであり、フランクリンはその代表的人物とされる。

フランクリンは自伝の中で、自ら「道徳的完成」を目指し、悪い習慣を打破し良い習慣を作るよう心掛けたと語っている。十三の徳を実現したいと思い、それらを列挙し表を作ったという(表2)。この十三の徳をフランクリンは手帳に書きつけ、週ごとにその徳を実現するようにしていた。

こうした徳目を習慣として身につけることを自らに課したフランクリンが、資本主義の育ての親とされているのである。単なる金儲けや利己主義が資本主義の精神なのではなく、プロテスタンティズムの倫理が経済活動及び民主主義的な国家の形成に大きく寄与しているのである。

**表2** フランクリンの13徳

| | 日 | 月 | 火 | 水 | 木 | 金 | 土 |
|---|---|---|---|---|---|---|---|
| 節制 | | | | | | | |
| 沈黙 | * | * | | * | | * | |
| 規律 | ** | * | * | | * | * | * |
| 決断 | | | * | | | * | |
| 節約 | | * | | | * | | |
| 勤勉 | | | * | | | | |
| 誠実 | | | | | | | |
| 正義 | | | | | | | |
| 中庸 | | | | | | | |
| 清潔 | | | | | | | |
| 平静 | | | | | | | |
| 純潔 | | | | | | | |
| 謙譲 | | | | | | | |

## 渋沢栄一の「仁義道徳」

浮沈の激しい経済界の短期的な動向に左右されるのではなく、経済活動の根底にある人間性を作ることが、ブレない教育の在り方ではないか。日本において資本主義の父と呼ばれる渋沢栄一もまた、論語で経済をやってみせるといい、実践した人物である。『論語と算盤』にはこうある。

私は論語で一生を貫いて見せる、金銭を取扱うが何故賤しいか、君のように金銭を卑しむようでは国家は立たぬ、官が高いとか、人爵が高いとかいうことは、そう尊いものでない、人間の勤むべき尊い仕事は到るところにある、官だけが尊いのではないといろいろ論語などを援《ひ》いて弁駁し説きつけたのである、そして私は(中略)一生商売をやってみようと決心した。

渋沢は「己をのみ」という考えでは己自身の利をも進めることができないといい、仁義道徳に欠けると、世の中の仕事を衰微させてしまうという。「利を図るということと、仁義道徳たる所の道理を重んずるという事は、並び立って相異ならん程度において始めて国家は健全に発達し、個人はおのおのそのよろしきを得て富んで行くというものになるのである」。

経済活動においても、精神面の充実が必要だということである。他者を思いやり、互いの利益になるような問題解決を図るということは民主主義の基本であるだけでなく、経済活動の基本でもある。現代においては企業は社会の公器であり、透明性が求められる。

公共道徳に反する企業は長続きしない。社内で不適切な就労実態があればブラック企業と叩かれる。不都合な事実を隠蔽しようとしても、インターネット社会では早晩事実が明らかとなる。インターネット社会はより個人の道徳性の高さがチェックされやすい。社会的な能力の中に占める基本的な人間性の比重はより高まっているといえる。

誠実に仕事や課題に向き合い、期限を守って対処していく。そのような人格は、粘り強い基礎的学習を続けることによっても養われるであろうし、問題解決型の学習によっても向上する。伝統的な学力と新しい学力のよさをともに生かすことが、結果的には社会力のある人間形成につながる。それこそが社会が求める「人材」ではないだろうか。

## 3　ビジネスで求められる力

### 主体性は本当に求められているか

「新しい学力観」の大きな柱である「主体性」とは、いかにも響きのよい言葉である。主体性があることに反対する人はいないし、それを教育の柱に据えることは一見適切なように思われる。しかし、そこには落とし穴もある。

改めて考えてみるとき、実際の社会において、「主体性」とは、全ての人に対して、何をおいても優先して伸ばしていくべき柱といえるだろうか。「自分自身の関心・意欲に基づいて探究していく」力を伸ばすのが新しい学力の柱であるが、会社員として組織に属している人が、これを何より優先しようとすることはまず無理だろう。会社には会社の目標、資本主義社会で勝ち抜くために設定された目標がある。新入社員が主体的にそれを決めるのではない。所属部署でさえ、基本的には自分では選べない。与えられた仕事をこなす、これが第一に求められる能力である。

そこで無理やり「主体性」を発揮し、会社の目標や個々の業務に対して根本的な疑問を呈したり批判したりすれば、仕事の流れが滞る。仕事はつねに流れ続けている。その流れを新入社員の意欲や主体性でストップされることは生産的ではない。会社という組織に属しながら、「会社の利益ばかり考えても仕方ない」「より公共的な観点から考えたほうがいい」といわれても、企業は困る。その意味で、真に主体的な人間であれば、会社の一員となることさえ難しいかもしれない。

一般的にいって、会社のような組織の中で求められる主体性とは、いわゆる「主体性」という言葉でイメージされるものとじつは少し性格が違う。それは、すでに決まっている仕事の中で、求められる成果を上げるためにできる限り細やかに工夫するというスタイルの主体性なのである。利益をより上げるためにどれだけ効率化できるか。そのために必要な工夫は受け入れられるが、全てにわたって皆が主体性を発揮するとなると、仕事が進まなくなる。皆がスティーブ・ジョブズであったら、はたしてジョブズは他のジョブズ的人物からの指示を大人しく聞くことができたであろうか。ジョブズの強引なまでのミッションを受け止め、地道に研究を重ねるメンバーがいて、はじめて世界を変える商品が生まれたのではないか。

もちろん私は、「組織に従順であれ」「受け身に耐えられることこそ重要」などといいたいのではない。組織に属する人であっても、自発的な意欲を持っていることは何より歓迎されることであるし、時にはそれが組織全体の方針を批判することにつながったり、自ら所属する組織を変えたりすることにもなるだろう。だが「何が何でも主体性優先」というような、極端な発想は現実に即していないということである。

## 組織の中での意欲・主体性とは

一人ひとりが工夫し、アイディアを出し、よりよいものにしていく。これはもちろん現代社会で必要なことである。これをスピード感を持ってやることは企業の成長にとって非常に重要であり、現実問題として、日本の企業はかなりの程度達成してきている。

トヨタをはじめとする企業で、QC活動と呼ばれる品質管理方式が行なわれてきたのは、ご存じの方も多いだろう。これは、QCサークル(品質管理小集団)と呼ばれる八人ほどの従業員グループを作り、品質不良の防止や作業安全性の確保、業務効率の向上などのための改善策を継続していくことである。これにより、無駄を省き、より高品質の製品をより安価で提供できるようになった。

こうした「班で修正を行なう」という組織の在り方は、昭和期の小学校の班活動を思わせる。むしろこうした班での話し合い、そしてそれに基づいた軌道修正が、QC活動の発想につながっているともいえる。つまり、集団として現状を分析し、反省し、修正していく力に関しては、日本人はすでに長年教育し育ててきたのである。

同時にこうした姿勢の根本にあるのは、与えられた職務に対して忠実だということである。自分の主体性が問題なのではなく、義務に対してしっかりと応え、新しい使命を遂行する真面目さが、組織の中で求められる主体性である。

会社・組織の中で求められる仕事に対し、個人として本当に意欲・関心が持てるとは限らない。給与がもらえるからやっているというのが動機の根本である場合も多いと思われる。しかし企業が繁栄しなければ、自分の繁栄もない。そのために企業の中で努力するのである。自分の意欲・関心に従う、一〇〇パーセントの主体性を持って活動すれば、この社会で金銭を受け取るのは難しくなりさえする。

私自身、日本の教育をよくしようと思い、研究者の道に入り論文を書き続けたが、十年間金銭的対価を受けることはなかった。公共的な目標のため、毎日十数時間努力したが、一円の対価も得られなかった。本当に主体的になり、研究に邁進した場合は、経済活動に参加しながら社会で生きていくことすら難しくなりかねない。

### 道楽と職業

好きなことだけするのはそもそも「道楽」ともいえる。夏目漱石は『道楽と職業』の中で、人のためにするのが職業であるといっている。人のためにする量が多いほど、自分が受け取る報酬も多くなる。

人の為にする分量即ち己の為にする分量であるから、人の為にする分量が少なければ少ない程自分の為にはならない結果を生ずるのは自然の理であります。之に反して人の為になる仕事を余計すればする程、それだけ己の為になるのも亦明かな因縁であります。此関係を最も簡単に且明瞭に現はして居るのは金ですな。

職業というのは人のためにする、いわばサービスである。人のためにするというのは世の中で要求されるリクエストに応えるということである。他者の願望を実現する、いわば他者実現をすることが職業である。しかし、自己実現を優先させれば、それは職業というより道楽になる。禅僧は自分が悟るために修行している。たとえ厳しい修行でも他人のためではなく自分のために行なっているならば、それは道楽だということだ、と漱石はいう。

一方、芸術家、研究者などの場合、道楽が本職になることもある。

芸術家とか学者とかいふものは、此点に於て我儘《わがまま》のものであるが、其《そ》の我儘な為に彼等の道に於て成功する。他の言葉で云ふと、彼等にとつては道楽即ち本職なのである。彼等は自分の好きな時、自分の好きなものでなければ、書きもしなければ拵へもしない。至つて横着な道楽者であるが既に性質上道楽本位の職業をして居るのだから已《や》むを得ないのです。

文学者のように、道楽的職業というのがあるが、これは社会の中では特殊な人であるともいっている。芸術家や文学者が特殊な人間なのは現在も同じである。今も昔も、多くの人は組織に入り職業として仕事をこなさねばならない。他者に求められているものを実現していくのが職業である、という漱石の意見は現代でもそのとおりである。

一〇〇パーセントの自己実現に向けて邁進したとすると、それは道楽である。その行き着く先は、ただの道楽者に終わるか、才能を職業にまで極められるかのどちらかであろう。当然後者は例外的であり圧倒的に数も少ない。自分のなりたいものになれるなら、会社に勤めたりせず、プロスポーツ選手や歌手になりたかった人も多いはずだ。

だが多くの人は、組織に入り、上司の指示を聞き、与えられた仕事の中で工夫する力が求められる。そうした主体性は、一〇〇パーセント自己発生的なものとはいえないかもしれない。しかし、そうした様々な制限の中で工夫し、表現し、他者と意見を交換し問題を解決していく力こそ、組織では必要とされている。

それは主体性とあえていわなくても、現在の日本人がかなりの程度身につけている力である。むしろ組織の中で生きていく協調性と、自ら工夫する力が共存していることこそが現実に求められており、それはかなりの程度達成されているのである。

それにもかかわらず、なぜここであくまで主体性を軸とした方向へと教育方針の転換を図る必要があるのか。そこには実現困難のリスクがある上に、現実にその主体性が求められているかもわからない。そうした中で理想を並べて、理想は正しいのだからやってみようという判断で本当にいいのか、よくよく考える必要がある。

## 「学習する組織」と「共有ビジョン」

もう一ついえば、現代の企業では、組織自体が学習する集団になっていることが求められている。一度成功した商品を延々と再生産しているというスタイルでは、企業が生き残ることはなかなか難しい。環境の変化、需要の変化に応じて、その都度柔軟に対応する力が組織に求められている。

それはひと言でいえば「学習する組織」である。

「学習する組織」論の流行のもとになったのは、ピーター・M・センゲ『学習する組織――システム思考で未来を創造する』という本である。「学習する組織とは、目的を達成する能力を効果的に伸ばし続ける組織であり」、「環境変化に適応し、学習し、自らをデザインして進化し続ける組織である」。

いわば音楽の合奏のように一人ひとりの演奏が有機的に絡み合い、効果をあげていくチーム力がポイントになる。「世界は相互のつながりをより深め、ビジネスはより複雑で動的になっていくので、仕事はさらに「学習に満ちた」ものにならなければならない」「将来、真に卓越した存在になる組織とは、組織内のあらゆるレベルで、人々の決意や学習する能力を引き出す方法を見つける組織だろう」。このようにセンゲはいう。

学習する組織にとって不可欠なものが「共有ビジョン」である。共有ビジョンがあることで学習の焦点が絞られ、エネルギーが生まれる。心から達成したいと思うビジョンに皆がわくわくしないと、本当に生成的な学習は生まれない。

共有ビジョンがあると胸が躍り、活力が生まれる。例えば、一九六一年ジョン・F・ケネディ米大統領は一九六〇年代末までに人類を月に着陸させるというビジョンを発表した。このビジョンの実現に向けて、様々なプロジェクトが組まれ、新たな技術が開発された。「共有ビジョンなしに学習する組織は実現できない。人々が心から成し遂げたいと思う目標へと引っ張る力がなければ、現状を支持する力のほうが優勢となるのだ。ビジョンが最も重要な目標を定めるのだ。高い目標をもてば、新しい考え方や行動様式をもたずにはいられなくなる」。

教育の場を本当に学習する組織に変えていきたいと願うのであれば、胸が躍り活力の生まれる共有ビジョンを創り上げることが求められる。

以前、長野県の学校の「総合的な学習」の実践として、クラスで牛や山羊を育てるというものがあった。牛の餌をどのように調達するか、山羊の世話をどのように分担して行なうかなど、現実的な課題を小学生が解決しようと知恵をしぼる。ここに国語・算数・理科・社会の知識も活用される。こうした学習意欲を支えているのは、目の前にいる牛や山羊を大切に育てたいという共有ビジョンである。

## 七段階の共有ビジョン

これまでの入試問題は、問題集を一人で解き知識を習得すれば対応できるスタイルのものであった。クラス全体の学力が問われることはなく、学力は個人のものであったといえる。しかし、現代のビジネスの世界では、チームとしての達成が求められる。センゲは、ビジョンに対する視点を七段階に整理している（表3）。

求められているのは、ビジョンの実現を望むコミットメントや参画である。コミットメントとは「それを心から望む。あくまでもそれを実現しようとする。必要ならば、どんな「法」（構

**表3　ビジョンに対する姿勢の7段階**

**コミットメント**：それを心から望む．あくまでもそれを実現しようとする．必要ならば，どんな「法」(構造)をも編み出す．

**参画**：それを心から望む．「法の精神」内でできることならば何でもする．

**心からの追従**：ビジョンのメリットを理解している．期待されていることはすべてするし，それ以上のこともする．「法の文言」に従う．「良き兵士」

**形だけの追従**：全体としては，ビジョンのメリットを理解している．期待されていることはするが，それ以上のことはしない．「そこそこ良き兵士」

**嫌々ながらの追従**：ビジョンのメリットを理解していない．だが，職を失いたくもない．義務だからという理由で期待されていることは一通りこなすものの，乗り気でないことを周囲に示す．

**不追従**：ビジョンのメリットを理解せず，期待されていることをするつもりもない．「やらないよ．無理強いはできないさ」

**無関心**：ビジョンに賛成でも反対でもない．興味なし．エネルギーもなし．「もう帰っていい？」

造)をも編み出す」ことであり、参画は「それを心から望む。「法の精神」内でできることならば何でもする」こと。こうした参画やコミットメントという姿勢は、意欲・活力に本来満ちたものであり、新しい学力とも重なるところがある。

ビジョンを共有し実現するために求められているのは、システム思考である。自分を含め、システム全体が相互に関連しあっていることをしっかり認識することが求められる。イメージとしては、ホワイトボードに全体の構造や流れを図として板書している感じである。キーワードを矢印で結びながら項目の関係性を明らかにしていく。つねにシステム全体をみる目を忘れずに思考するのがシステム思考である。

システム思考は全体をみるための考え方のメソッドであり、相互関係と変化をみるものである。これは二十世紀に発達したサイバネティクス（動物や機械における情報通信と制御作用を統一的に認識・研究する科学）の「フィードバック」概念と、「サーボ機構」工学理論がもとになっている。因果関係の連環に目を向け、ダイナミックな複雑性を理解することが目的である。簡単にいえば、一つ一つの部分にとらわれるのではなく、全体をみて因果関係の連環として現実をとらえる思考を持つということだ。

### 対話の重要性

ビジネスの場面に限らず、スポーツや音楽その他の複雑な連携が求められる場面では、チーム学習がポイントとなる。チーム学習の訓練としては、対話（ダイアログ）と議論（ディスカッション）が重要であり、対話では一人の人間の理解を超えることが目指される。

自分の考えに固執する態度ではなく、対話しながら「気づき」を得ていくのが対話である。

これは古代ギリシャのソクラテスの対話法の本質でもある。お互いの確信をぶつけあい闘争するのではなく、対話の中で、何がわかっていて、何がわからないのかをはっきりさせていく。これは相互協働作業である。自分がわかっていなかったことがわかったのだとすれば、それは対話している二人の勝利である。全参加者がお互いを仲間と考え、新しい気づきを喜ぶようにする。相手に議論で勝つことが目的なのではなく、お互いの間に新しい意味が生まれるようなクリエイティブな関係を目指す。これが対話である。

こうした対話的な関係性を練習して修得し、技としていくこと、これが真に「新しい学力」として求められるべき力といえるのではないか。まず二人の間で生産的な対話ができるようしっかりと練習し、グループ・ディスカッションになったときも新しい対話を生むのだという姿勢で全員が臨む。私たちはつい自分の価値観にこだわり自分の意見に固執しがちであるが、他者の意見を虚心坦懐に聞き入れ、よりよい意見やアイディアに向かって自分を開いていく。そうした心の在り方、考え方の在り方がすでに知性といえる。自己中心的な思考から離れ、全体をみて、新しい価値の生成に貢献する。こうしたチーム学習への参画の仕方は、練習によって培われ、練習によって身につけうる明確な「技」である。

高度化し、複雑化し続けるビジネスをはじめとした様々な領域において、チーム学習を成立させるメンバーたりうること、そして、ファシリテイター(進行管理者)としてチームを導く能力を持つこと。こうした能力を持つことが皆に求められるようになっている。コミュニケーション力一つとっても、現代人は高度で複雑なコミュニケーション力を求められている。ビジネスメールを一日に何十件も処理するのが仕事では当たり前になっている。相当なストレスをともなう緊張感の中で、速く正確な対応が求められる時代なのである。

**暗黙知をどう伝えるか**

現代社会では、つねにイノベーションが要求されるようになった。知識が加速的に増え、それを習得し、新たな知を生み出す。こうした知的な活動の中で注目されているのが、暗黙知を形にしていくことである。

暗黙知とは、言語化されていない知である。一流の仕事をしている人は、自分の頭の中で起こっていることを言語化しなくても、暗黙の知によって高度な仕事を遂行している。言語的な知と対比させて、「身体知」とこれを呼ぶこともできる。アーティスト、職人、スポーツ選手は、それぞれの身体知を豊かに有している。これに対して、「形式知」とは、言語化され、マニュアル化された明示的な知である。例えば一人の熟練工が持っている身体の知恵を個人のものにとどめるのではなく、仲間同士で共有し、システムにまで仕上げることがクリエイティブな組織の在り方として必要とされている。かつての徒弟制的な関係では熟練した技を持つ職人の身体知・暗黙知は、丁寧に教えてもらえるものではなく、職場で先輩の技を見て盗むというのが当たり前の学習プロセスであった。優れた技を自分の目で見て、ポイントを見抜き、自分で技として身につけていく。このプロセスは確かに主体的な学習といえる。

しかし、このやり方では学習者の意欲や能力に依存する面が大きい。したがって組織としては、安定した運用が望みにくい。一子相伝のように暗黙知を伝えていくことは芸能の世界ではある。しかし、マーケット（市場）で刻一刻結果が求められる現代のビジネスシーンでは、一人ひとりが持っている暗黙知をチームで共有し、システムとしてスピード感をもって運用していくことが必要とされる。

暗黙知をシステム化していくプロセスについては、野中郁次郎・竹内弘高の『知識創造企業』が詳しい。ホームベーカリーという商品の開発を例にとれば、パン生地を練るプロセスにおける暗黙知の活用が課題となる。熟練パン職人の練りの技能を学ぶために、ソフトウェア担当者が職人と経験を共有する。開発中の機械と熟練パン職人の練り方がどう違うのかに注目し、職人の言葉にしにくい暗黙知を何とかとらえようとする。そして、カギとなる動きを「ひねり出し」という言葉で表現し、チームのエンジニアたちとその動きを機械でどう実現できるかを研究する。そこで、容器の内側に特殊な畝《うね》をつける発想が生まれた。畝によって、熟練パン職人の練りの動きの暗黙知が形になったのである。

## 「型」と暗黙知

暗黙知や身体知を共有し、それを明確な形式知にしていくプロセスは、まさに新しい学力が求める実践的な知の在り方である。才能のある人間が直感的にとらえている知を明確に言語化することによって、多くの人が共有できるようにする。あるいは相撲の本質を理解し実践できる横綱の暗黙知を、「型」として共有できるようにすることも、暗黙知を形式知化するプロセスの一種である。例えば相撲の四股《しこ》がその型であろう。

型を通じて熟練者の暗黙知・身体知が初心者や子どもにも身につけやすくなる。日本のかつての教育の柱であった「型」の教育は、暗黙知や身体知を人から人へと移動させていく効果的な学習プロセスであったといえる。特別な才能を持たない人でも、才能とセンスのある人間が獲得した暗黙知に近づくことができる、これが上手に設定された型のよさである。

つまり型は、一般的な学習プロセスを支える、効果的な教育プログラムであった。例えばそろばんは修練すれば誰でもある程度身につく技術である。読み書きそろばんが江戸時代には基本的な能力とされた。そろばんを型として身につけた人は暗算が速い。そろばんという型の教育が計算能力を身につけさせる王道となっていたのである。

優れた型は暗黙知を共有するために有効である。しかし、型が間違っていればそれは非効率なものとなる。スキーのジャンプ競技では、現在はスキー板をV字に開くことが型になっている。札幌五輪のときのように板をそろえて飛ぶことは今ではよい型とはされていない。型もつねに改良を加える必要があるのである。テニスでも、現在多くの選手はバックハンドを両手で行なっている。しかし、ジミー・コナーズやビヨン・ボルグが一九七〇年代に両手打ちのバックハンドを行なっていたときは、それはむしろ変則的な技術であった。それがしだいに両手打ちのバックハンドの優位性が認められるようになり、現在の主流となっている。それに応じて子どもや初心者がはじめに教わるフォーム(型)も当然変わってきた。

時代の変化が遅ければ一つの型が長く持つ。だが、つねにイノベーションを求められる現代社会では、暗黙知を明確な知として共有し、そこから型を創り上げ、それを修正し続けるという作業が必要とされる。

新しい学力は、現実に対しての対応力を重視するものである。これまでの知識内容を習得することは文化の継承として変わらず重要なことであるが、状況の変化に適応するいわば「知の適応力」が急速に求められるようになったのである。

しかし、こうした「知の適応力」は、学校という場で教えることが本当に効果的であろうか。学校は社会そのものではない。現代社会で求められるのが問題解決型の能力であるとしても、それが学校という場で有効に身につけられるものであるかはまた別問題である。「総合的な学習の時間」が成功しなかったのは、その証の一つではないだろうか。

「型」の変革を発想するためには、まず「型」をよく知る必要があるだろう。やはり、実験を繰り返しながら伝統的な学力と新しい学力の弁証法的な統合を目指すスタイルが、危険の少ない確実な道ではないか。

## 4　エジソンというモデル

### エジソンの好奇心

理論と実践を統合し、現実を変えていくのが新しい学力の理想であるとすれば、そのモデルとしてトーマス・エジソン（一八四七〜一九三一）を挙げておきたい。エジソンは「二十世紀を発明した男」と呼ばれるほどの大発明家である。電気を軸として数え切れないほどの発明と改良を達成した。発明家としてだけでなく、経営者としても力量を発揮した。

エジソンの発明や改良は強烈な知的好奇心に支えられていた。幼い頃から好奇心が強く、次から次へと質問を繰り返したのは有名な話だ。造船所の職人たちに「遠くで見ていると、どうしてハンマーが板に当たってから音が聞こえてくるまでに時間がかかるのか」と質問した。目の前で起こっていることに知的好奇心を強く持ち、質問を投げかけ、問題を発見していく。こうした問題発見力や質問力が改良や発明の出発点になる。

**疑問を持つトレーニング**

親が子どもにエジソンのような創造的な思考と起業のバイタリティーを身につけさせたいと思うなら、現実に起こっていることを目の前にして、疑問や質問を子どもに考えてもらうというのも一手である。エジソンの場合は質問する意欲自体が自発的だったが、質問を考えることで現象をよくみるようになるのは確かである。

教科書に記載されている事実は淡々とみえてしまう。自分で「なぜか」という種類の疑問や質問を考えることによって、当たり前のことが当たり前でなくなってくる。現象を当たり前と見過ごすのではなく、疑問や疑いを持って現象に迫っていく思考自体をトレーニングすることは可能である。

例えばデカルトは『方法序説』の中で、あらゆることを疑ってみる試みをしたと語っている。そうした思考の果てに、有名な「我思う、故に我在り」という根本的な認識に至る。デカルトは哲学者であると同時に数学者でもあり、科学的な思考の実践者でもあった。彼は自らの思考を四原則にまとめている。

第一は、わたしが明証的に真であると認めるのでなければ、どんなことも真として受け入れないことだった。言い換えれば、注意ぶかく速断と偏見を避けること、そして疑いをさしはさむ余地のまったくないほど明晰かつ判明に精神に現れるもの以外は、何もわたしの判断のなかに含めないこと。

第二は、わたしが検討する難問の一つ一つを、できるだけ多くの、しかも問題をよりよく解くために必要なだけの小部分に分割すること。

第三は、わたしの思考を順序にしたがって導くこと。そこでは、もっとも単純でもっとも認識しやすいものから始めて、少しずつ、階段を昇るようにして、もっとも複雑なものの認識にまで昇っていき、自然のままでは互いに前後の順序がつかないものの間にさえも順序を想定して進むこと。

そして最後は、すべての場合に、完全な枚挙と全体にわたる見直しをして、なにも見落とさなかったと確信すること。

デカルトのように自分の思考のプロセスをしっかり原理としてとらえ、より間違いの少ない思考へと導いていく方法論は、現代人においても有効であり必須のものである。帰納的な思考や演繹的な思考を組み合わせていく。こうした思考法を四つの規則として徹底的に訓練することで、思考が強靭になっていく。デカルトはこうした思考を自分自身何度も何度も意識的に訓練することで鍛えたと言っている。

この方法でわたしがいちばん満足したのは、この方法によって、自分の理性をどんなことにおいても、完全ではないまでも、少なくとも自分の力の及ぶかぎり最もよく用いているという確信を得たことだ。さらに、この方法を実践することによって、自分の精神が対象をいっそう明瞭かつ判明に把握する習慣をだんだんとつけてゆくのを感じたことだ。そしてこの方法を、いかなる特殊な問題にも限らなかったので、代数学の難問に用いたのと同じくらい、ほかの学問の難問にも有効に適用できると期待したことだ。

わたしの精神から、その時より前に受け入れていた悪しき意見のすべてを根絶するとともに、たくさんの経験を積み重ねて、後にわたしの推論の材料となるようにし、また自分に命じた方法をたえず修練して、ますますそれを強固にし、あらかじめ十分な時間を準備のために費やしたうえでなければならない、と考えたのである。

思考法を技として徹底的に修練するデカルトの姿勢は、『五輪書』にみられる宮本武蔵の剣術鍛錬と通じるものがある。思考法自体を技として修練し身につけるという視点を持つことで、場当たり的でふわっとしがちな「総合的な学習」にも柱ができるだろう。やっていることは様々でも、自分たちはいまこの四つの思考法を身につけるために訓練しているのだと意識することで、真の目的を見失わないようにすることができる。

## 独創的とは何か

独創的な発想と知識の関係についても確認をしておきたい。独創的というと無から有が生まれるようなイメージを持たれがちである。しかし実際には、発明や改良は既存のものの新たな結び付け方を見出した場合がほとんどである。それまでに理論として存在するものを現実に応用したり、ある発見を別領域で応用してみたりすることで発明や改良は行なわれる。

「単なる知識の詰め込みではなく、主体的で独創的な発想や思考が大切だ」という類の言説をよく耳にするが、これは事実に即していないばかりか無責任でさえある。例えばドローンの発明・改良を考えてみよう。現在、ドローン技術はすごい勢いで進化している。ボールを投げると、ドローンがそれを打ち返し、投げた人に返すこともできる。ボールを正確に返す技術は驚異的である。飲み物の入ったグラスを、中身をこぼさずに客のテーブルまで運ぶこともできる。だがこうした改良は、ゼロからの発想というのではなくて、物理学の知識を応用することでなされている。物理学がわかっていなければ、実際に改良することはできない。

ところが今の高校までの教育では、こうした基礎知識の習得が不足しており、大学の理工系の学部の多くでは、新入生のためにまず高校物理の内容を教えるのがやむをえないこととして受け止められている。

伝統的な教育が得意とする各教科の知識の習得は、その後の創造的な活動の基礎になっているにもかかわらず、それを無視して発想力だけを育てるというのも不自然なことである。文学的な発想と電気工学的な発想を同列に論じるのも非現実的である。それぞれの領域における発想力は、それぞれの領域における知識に基づいている。科学的な分野において発明や改良といった創造力を発揮するのであれば、その方面の知識が必要となる。

**本を読むエジソン**

「個性と創造力のある子どもを育てる」といった曖昧な目標は、教育自体を曖昧にしてしまう。「創造力がある」ことを求める発想は、何を根拠にしているのであろうか。実際には各領域における専門的知識の上に、発想力があるのが現実である。そしてその専門的知識というのは、明らかに、これまで伝統的な教育で教えられてきた基本的な知識に基づいている。

歴史上最も発明と改良の才能を発揮したエジソンに戻ると、彼は生涯広範な知識を身につけようと努めた。当代一流の知的論客が寄稿する雑誌『ノース・アメリカン・レビュー』を、エジソンは五十年間購読し続けた。青年時代のエジソンは『レビュー』二十冊を二ドルという低価格で購入した時の興奮を繰り返し語っている。あまりにうれしくて警官に呼び止められたのも気づかず、警官に発砲されたというエピソードはエジソンの十八番であった。

　エジソンは、通常の学校教育は三か月ほどしか受けていない。通っていた公立学校の校長が空想にふけりすぎていて頭がどうかしているという評価をエジソンに下したのにショックを受け、学校に行かなくなる。そこで母のナンシーは自宅でエジソンの教育にあたることになる。聴覚障害を抱えていたエジソンは、読書に熱中する。様々な領域の書を図書館でひたすら読みふける。ニュートンの『プリンキピア』もそのうちの一つであった。図書館の書庫で、電信や電気と磁気の関係書も数多く読んでいる。

　そのなかでも、彼が第一の必読書に挙げているのは、ファラデーの『電磁気学』であった。エジソンはファラデーの方法論をそのまま模倣した。ファラデーの向上心あふれる生き方に影響を受け、また電気の知識を吸収した。ファラデーがブリタニカ百科事典を読み進めていたと知り、エジソンもブリタニカ百科事典の暗記に勤しんだ。

　ボールドウィンの『エジソン――二〇世紀を発明した男』によれば、エジソンは、自らの会社の採用試験問題に幅広い知識と創造性を問う問題を出している。大学時代になんとなく勉強した程度では太刀打ちできない問題も数多く出された。「最も良質な綿とは何か」「世界最大の望遠鏡を答えよ」「皮をなめす方法を説明せよ」といった、一見バラバラな記憶問題を採用試験で出題することもあった。さらにこうした記憶問題だけでなく、「電球の体積を求めよ」という、数学的な計算で答えを求めようとすれば非常に複雑なことになる問題を出して、どう答えるかみたこともある。この問題の端的な解法は、電球の中に水を入れ、その水の体積をはかるというものであった。

大卒であれば、競争社会で力を発揮するとは限らない。机上の学問だけではダメだ、というエジソンの思いと狙いがここにはある。いかにも実践的思考を重視したエジソンの考えでは、科学に関する真の知識を支えてきたのは、細かなことまで記憶する技能と、そうした能力を絶えず陶冶すること、そして体の筋肉を鍛えるのと同じように文字どおり脳を「働かせること」であり、この点は永遠に変わらないはずだった。重役となる人間が身につけておくべき特質で最も大切なのは「すぐれた記憶力」だと、エジソンは信じていた。優れた記憶力があって初めて、瞬時に正しい決断を下せるのであり、あらゆる事実を思いのままに整理することができるという理屈である」。

こうした人生経験に基づく学問を重んじるというエジソンの信念は、同時代に生きたデューイ(次章参照)と意見を同じくするものであり、実際両者は時折書簡をやりとりしている。エジソンは生涯にわたって広範囲の読書を続け、膨大な専門的知識という創造力の基盤を身につけ続けた。

## 新しい学力と科学的思考

発想力や創造力は知識という土壌に育つ植物であるともいえる。知識がなければ各領域における創造性は発揮されない。直感力に関しても、同様のことがいえる。将棋の初心者がプロの棋士と同様の直感力を発揮することなどできない。教科書に書かれている知識を丸暗記するだけでは不十分なのは確かであるが、それさえ身につけていない段階で専門的な発想を期待するのも無理がある。全方位的な記憶を求める必要は必ずしもないが、これから発想を生かそうとする領域に関しては知識と経験が武器となる。繰り返しになるが、発想とは、知識と経験に基づいて新たな組み合わせを考えていくことだからだ。

新しい学力の方向性は、科学者の営為と合致する。課題意識を持って問いを立て、探究し、仮説を検証していく。こうした方向性は新しい学力と重なるものであり、科学の根本的な性格といえる。

科学の根本的な原則は観察と実験、そしてそれを数学的に定式化することである。仮説を立てるからこそ、実験ができる。実験を行なうことで仮説が検証される。観察も、ただ観察するということではなく問題意識を持って観察する。問題意識を持って検証に取り組むからこそ、みえてくるものがあるのである。

ガリレオ・ガリレイが近代科学を確立したプロセスで示しているが、科学には最終的には数学的な定式化も重要となる。ケプラーは惑星の軌道を楕円形だと発見した。これも膨大な観察的データから法則を見出し、数学的に定式化した点で科学的な業績の代表といえる。こうした科学者の探究は単なる思いつきでなされているのではない。専門的知識をもとに、しっかりと問いを立て、過去の研究を踏まえ、仮説と検証を繰り返していく。ここには数学的な知識が前提になっていることはいうまでもない。伝統的な学力が不十分であると、科学的な探究自体が困難となるのである。

創造力や直感力や主体性といった言葉を一人歩きさせるのは危険である。知識を詰め込まなければ斬新な発想が生まれやすいというのは、いかにも単純で現実に即していない無責任な考えだ。理論と実践をつねに統合しようとする意志が不可欠である。知識と経験は補い合い、新たな発想を生むのである。

# 第四章　「源流」に学ぶ

## 1　ルソーが提示した民主社会の主権者教育

### 「新しい学力」の源泉

日本の教育の歴史の中で、「新しい学力」を伸ばす教育が古くから行なわれてきたことはすでにみた。では、そもそもこういう考え方の源は、どこにあるのだろうか。

世界史的にいえば、どうしても学問的な知識を詰め込むことになりがちな教育を批判し、感覚や好奇心に基づいて自発的に世界を学ぶ「新しい学力」的な学力の在り方を思想として打ち出したのは、フランスの思想家、ジャン＝ジャック・ルソー（一七一二〜七八）である。ルソーは、問題を発見し解決していく問題解決型学習の、最初の本格的な提唱者だといえる。

ルソーはフランス革命(一七八九年)を思想的に準備したといわれる人物であるが、革命の二十七年前、『社会契約論』が書かれたのと同じ一七六二年に、ルソーの教育思想が述べられた『エミール』が出版された。この本でルソーは、エミールという少年が生まれてから大人になっていくまでをたどることで、自身の教育論を具体性をもって展開している。

## 『エミール』の思想

『エミール』の中にこのような言葉がある。「わたしたちが獲得しようとしているのは学問ではなく、むしろ判断力なのだ」。これは文脈を切り離してみれば、まさに現代の、問題解決型学習やアクティブ・ラーニングの実践を宣言した言葉であっておかしくない。

ルソーは好奇心を重視する。何かを自分で面白いと思うからこそ、学ぶ気持ちが生まれる。ただ権威あるものから学問を授けられるのを受動的に待つだけでは、考える力は身につかないと考えている。その考え方は次の文にも表れている。

あなたがたの生徒の注意を自然現象にむけさせるがいい。やがてかれは好奇心をもつようになるだろう。しかし、好奇心をはぐくむには、けっしていそいでそれをみたしてやってはいけない。かれの能力にふさわしいいろいろな問題を出して、それを自分で解かせるがいい。なにごとも、あなたが教えたからではなく、自分で理解したからこそ知っている、というふうにしなければならない。かれは学問を学びとるのではなく、それをつくりださなければならない。かれの頭のなかに理性のかわりに権威をおくようなことをすれば、かれはもはや理性をはたらかせなくなるだろう。もはや他の人々の臆見に翻弄されるだけだろう。

あるいは、ルソーは具体例として、地理の学習を取り上げる。地球儀や地図を持ってきて教えようとする教育法ではなく、地平線に太陽が沈んでいくさまを実際に見る学習法を提案する。

それはどんな人でもうっとりとせずにはいられない恍惚の三十分間であり、そういう壮大で、美しく、甘美な光景にはだれひとりとして無関心ではいられない。

自分が味わっている感動で心がいっぱいになった教師は、その感動を子どもにつたえたいと思う。かれは自分が心を動かされている感覚に注意をむけさせることによって子どもの心を動かすことができると考える。

学習の動機付けとして、好奇心や感動を重視するのがルソーのやり方である。学ぶべき知識があるから学ぶというのではなく、それを面白いと思い素晴らしいと思い、有用であると心底思うから学習をする。こうした心の内側から発する学びが提唱される。

**まず学問を愛する**

しかしこうした積極的で自発的な学びが、教師の周到な準備をより多く要求するのは、前章までですでに述べたとおりである。教師の準備が通常の授業よりも綿密でなければ、自発的かつ積極的な学習は成立しにくい。

ルソーの著作において、少年エミールを生育するのは家庭教師である。専属の家庭教師が周到な準備をした上で、つきっきりで教える。こうした構造が前提となっていること自体が、自発的学習における教師のケアの重要性を示している。

ルソーは、「やすらかな知性の時期」は非常に短いので、単に物知りにするだけでは十分でないと言い、次のように続ける。

子どもに学問を教えることが問題なのではなく、学問を愛する趣味をあたえ、この趣味がもっと発達したときに学問をまなぶための方法を教えることが問題なのだ。これこそたしかに、あらゆるよい教育の根本原則だ。

まずは学問を愛する趣味を作ること、これが第一である。例えば理科的なものを好きになったり、また社会や歴史に興味を持つようにもっていく。そうした学問への趣味が根底にあった上で、学問を本格的に学ぶ段階が次にくる。

好奇心が重要であるといっても、注意力の持続も大切だ。教師は十分に工夫をして、子どもたちを退屈させないようにする。強制はしない一方、子どもたちが自発的積極的に興味を持ち続けるようにするという細い道を見出すのには、教師側に相当な力量とエネルギーが必要とされる。

〔そうした学問を愛する趣味を作る時期は〕一つのものに長いこと注意をむけるようすこしずつならしていかなければならない時期にもなっている。しかし、けっして強制ではなく、いつも楽しみと欲求とがそういう注意を生みだすのでなければならない。それがかれにはつらく思われ、ついにはやりきれなくなる、といったことにならないよう十分に気をつけなければならない。だからたえず見はっていなければならない。

ルソーはエミールをとおして、人間の発達段階を示している。快不快が重要となる乳児期、感覚知覚が重要となる児童期(少年前期、十二歳頃まで)、好奇心や有用性が重要となる少年後期(十二歳頃から十五歳頃まで)。この三つの時期は自分をとにかく大切にするという生き方を学ぶ時期である。自分自身が心地よいと思い楽しいと思う気持ちを大切にする。その時期を経てのちに、他者を思いやる共感能力や社会的な自己を育てる。そしてその後にくる思春期・青年期は理性や道徳が重要となり、幸福や徳を学ぶ。そして結婚につながっていく。こうした発達段階は、のちのE・H・エリクソンの八段階の発達段階を思い起こさせる。

## 民主主義社会の主権者を育てる

ルソーが、まずは自分自身を大切にする人間になることを優先させたのは、民主主義社会を支える自由な個人を重要視しているからだ。奴隷ではなく自分の意志を持った自由な個人、これが民主主義社会の主権者である。ただし、一人ひとりの自由な個人が自分のことばかり考えているのでは民主主義社会にとって十分ではないから、発達段階の後半で、他者を思いやる力を育てる。他者を思いやり、そして全体のことを考え、できるだけ平等な社会を作ろうという意識を持った自由な個人がたくさんいることで、民主的な社会が形成される。ルソーはそのように考えたのである。

ルソーは『社会契約論』において、徹底的な人民主権論を説いた。個々人がお互いに結合し、自由と平等を最大限に確保するために契約を行なう。そして、その契約において国家を形成する。これは当時、既成の国家観を覆すものであった。こうした民主主義の思想は、それを支える個々人の質の高さを求めることになる。ルソーは『エミール』において、社会契約を行なう自由な主権者をどのように育てるかを示したのであった。

ルソーの提示したこの民主主義社会とその主体の形成というデザインは、現在もまだ有効である。大きな流れとして私たちの社会はルソーのデザインした民主主義を受け継いでいる。

現代においてもまた、教育は、民主主義の主体を育てることを意識する必要がある。知識を詰め込む学力は、例えば科挙のような制度を前提として、多くの者が必死に勉強することによっても向上する。しかし、こうした記憶を試される試験のための準備をしているだけでは、民主主義の主体となるには不十分である。

自分で問題を発見し、判断に必要な資料を集め、そして他者と討議しながら全体としての意思決定をしていく。問題解決のためのアイディアを出し合い、実行し、現実に合わせて修正していく。「新しい学力」が求められる所以は、前章でみたような、ビジネスシーンに必要な人材を育てるというよりも、民主主義の主体を育てるところにあるのではないか。

問題解決型学習やアクティブ・ラーニングが必要なのも、そのような民主主義的な主体の育成に大いに重なる部分があるからである。

単に学力を向上させるためだけならば、自宅で一人で問題集を解き続ける方が、むしろ効率がいい。実際、受験勉強が本格化すれば、受験生は自分一人で勉強に集中するものだ。これはこれで緊張感のある勉強の体験となり、集中力や忍耐力を鍛えることにもなる。受験勉強を乗り越えた者は、受験はもう二度と嫌だと言いながらも、受験勉強体験で得たものに対しては肯定的である。受験勉強には、困難を一人で乗り越える力を育てる有効性がある。

しかし、民主主義の主体を健全に育成するという観点に立つと、学習方式はアクティブ・ラーニングを取り入れたものであることが望ましい。自分で問題を設定し、調べ、討議するという過程を子ども時代から繰り返すことによって、自分の意見を持ち、かつ対話的に解決を図る力が身につく。

## 2 デューイの理想に学ぶ

### 七十年前の民主主義教科書

科挙的な試験システムは、民主主義的な主体を育てることを目的としていない。有能ではあるが、自分で決断していく力はそれほど要求されない仕事を担当する人間が想定されている。現代における教育はそれではいけないと、次に引用する文章は、民主主義と教育の重要性を高らかにうたっている。

がんらい、そのとき〳〵の政策が教育を支配することは、大きなまちがいのもとである。政府は、教育の発達をできるだけ援助すべきではあるが、教育の方針を政策によって動かすようなことをしてはならない。教育の目的は、真理と正義を愛し、自己の法的、社会的および政治的の任務を責任をもって実行していくような、りっぱな社会人を作るにある。そのような自主的精神に富んだ国民によって形作られた社会は、人々の協力によってだん〳〵と明るい、住みよいものとなっていくであろう。そういう国民が、国の問題を自分自身の問題として、他の人々と力を合わせてそれを解決するように努力すれば、しぜんとほんとうの民主政治が行なわれるであろう。制度だけが民主主義的に完備したとしても、それを運用する人が民主主義の精神を自分のものにしていないようでは、よい結果はけっして生まれてこない。教育の重要さは、まさにそこにある。

これは、『民主主義』という著作の中にある文章だが、この本はじつは、文部省著作教科書なのである。昭和二十三年、つまり戦後三年経って出された、文部省が作った民主主義の教科書である。太平洋戦争につながった、上からの権威による教育ではなく、民主主義的な主体を育てる教育を目指した本格的な民主主義の教科書である。

この本の中では、情報がどういうところから出ているかをちゃんと読み解き、反対の立場の刊行物も読み多様な意見に触れるべきだという、情報のリテラシーも説かれている。そして、物事を科学的に考えることが必要であると繰り返し説いている。また、子どものころからの民主的な教育の重要性についても詳しく述べられている。

みんなで委員を選挙したり、自分が委員になって学校や学級を代表したり、クラスの会合でいろ〳〵な問題について自由に討論したり、討論した結果を多数決で決めたりしている間に、民主主義というものはどういうように行われるものであるかが、しぜんにわかってくる。

学校は、けっしてただ知識だけを習うところではない。今述べたようにして、生徒が学校にいる間に、社会人としての正しい生き方を学ぶことは、教場での学習とならんで、きわめてたいせつな民主主義の教育の目的なのである。

今から七十年ほど前に文部省から出されたこの『民主主義』という著作には、現在でも基本だと考えられる内容が詰まっている。悲惨な戦争体験を反省し、新しい民主主義的な社会を作ろうという気概にあふれている。

国政レベルの問題だけではない。職場や地域の集まりなどの小さな場であっても、民主的かつ生産的な場として運営できる人が必要である。民主主義社会は総合的な力を持つ個人に支えられているのである。まさにそのためにこそ、「新しい学力」を育てることが必要なのではないだろうか。

## デューイという源流

「新しい学力観」は、はたして「新しい」ものであろうか、と前章で問うた。自分自身で主体的に気づき、学び、新しい価値を創造していく。これだけ聞けばいかにも新しい感じがする。しかし、教育思想史及び教育史をみれば、このような考え方は百年以上前から提示され、実践されてきたことは明らかである。

例えば一八〇〇年代の終わり頃から一九〇〇年代初頭にかけて、伝統的な講義中心の教育に対する反対運動が起こった。これは、教師ではなく子どもが学習の主体であることを重んじる教育であり、「新教育」と呼ばれる。

この新教育思想において最も重要な人物が、アメリカの哲学者・教育学者ジョン・デューイ（一八五九〜一九五二）である。デューイもまた、『民主主義と教育』という著書において、教育と民主主義の根本的な結びつきを述べると同時に、『学校と社会』においても、学校は暗記や試験ばかりする場所ではなく、自発的に生活し、学ぶ「小社会」であるべきだと主張している。

旧教育は、これを要約すれば、重力の中心が子どもたち以外にあるという一言につきる。

重力の中心が、教師・教科書、その他どこであろうとよいが、とにかく子ども自身の直接の本能と活動以外のところにある。（中略）いまやわれわれの教育に到来しつつある変革は、重力の中心の移動である。それはコペルニクスによって天体の中心が地球から太陽に移されたときと同様の変革であり革命である。このたびは子どもが太陽となり、その周囲を教育の諸々のいとなみが回転する。子どもが中心であり、この中心のまわりに諸々のいとなみが組織される。

デューイの教育思想にとって重要なキーワードは「経験」である。私たちは経験から学ぶ。

しかるに、学校はこれまで生活の日常の諸条件および諸動機からはなはだしく切離され、孤立させられていて、子どもたちが訓練を受けるために差し向けられる当《とう》のこの場所が、およそこの世で、経験を——その名に値いするあらゆる訓練の母である経験を得ることが最も困難な場所となっている。

つまり、学校では、知識の継承が主に言語によって行なわれてきた。しかし、最も大切な

「経験」が欠けていると、デューイは旧教育を批判する。

色々な活動を学校の中に取り入れ、子どもたちが経験を深める生活の場となる。これがデューイのイメージする学校である。このとき、「学校は小型の社会、胎芽的《たいがてき》な社会となることになる」。これが根本的なことであり、ここから「継続的な、秩序ある教育の流れ」が生じることになるとデューイは考えているのである。

伝統的な学校教室には、子どもが作業するための場という意識がほとんどない点も指摘されている。「子どもが構成し、創造し、そして能動的に探求するための作業場・実験室・材料・道具が、いやそういうことに必要な空間さえもが、大部分欠如している」。机がきちんと並べられ、子どもたちが効率よくひとまとめに取り扱われる。そうした中では、子どもたちはいわば自動的に取り扱われることになる。これに対し、新教育では生活的な活動を重視する。「子どもたちは活動する瞬間、自らを個性化する。かれらは一群ではなくなり、各自それぞれにはっきりした個性的な人間になる」。

教科書に書かれている知識を効率よく一斉に伝達し、習得させる旧教育のスタイルに対して、生活の中での経験を通して、気づき、主体的に考え行動し、問題を解決していくのが、デューイの考える新教育のスタイルである。個性化もそうした主体的な学習によって実現することになる。

　こうしたデューイの主張は現在の私たちからみても、いかにももっともな主張に思われる。しかし『学校と社会』は一八九九年に刊行されたものである。百年以上前から、今でいうところの「新しい学力」に通じる発想があったのである。

**日本でのデューイ受容**

デューイの思想は日本の教育にも実際に影響を与えた。子どもたちが主体となり、経験の中から知を獲得していくことを重んじる教育スタイルが、日本でもかつて注目された。大正自由教育と呼ばれる運動がそれである。

　当時は、大正デモクラシーの流れに合わせるように、教育界にも自由教育の波がきていた。そこでは、教師中心ではなく子ども中心への教育の転換が目指された。これは一九二〇年代から三〇年代前半にかけて、それまでに欧米で活発化していた新教育運動が日本でも起こったことに端を発する。そこで、これらの運動は大正自由教育運動、あるいはそのまま新教育運動と呼ばれるのである。

　簡単にいえば新教育運動は、画一的で型にはめたスタイルではなく、子どもの関心や意欲や感動を重んじ、自由で生き生きとした教育の創造を目指そうとする運動であった。教師中心の注入主義的な教育ではなく、子ども中心の教育を目指している点で、デューイのいう教育における「コペルニクス的革命」を日本で実現するような運動であったといえる。

実際、このような新しい思想に沿って、いくつもの学校が新設された。中村春二を中心としてつくられた成蹊小学校、澤柳政太郎の成城小学校、小原國芳の玉川学園、西村伊作の文化学院、羽仁もと子の自由学園などがそれである。そうした新しい学校は、子どもの主体性を重んじた教育スタイルにチャレンジし、成果を上げた。

しかし、大正自由教育には、限界も指摘されている。まず、都市の富裕層に支持されたものの、一般公立学校にはあまり普及しなかった。たとえ理想は素晴らしくとも、一般の公立小学校で実践が難しいとなれば、そこには何らかの問題があると考えられる。経済的な問題もその一つであろう。また、これまでもいってきたように、新しいスタイルの教育には、より質の高い教師が求められる。教師は子どもたちを主体的な学習状況におくために、多大なエネルギーを費やすことになる。

## 主体的な学習は、自習ではない

実際、私がかつて長野県でみた「総合的な学習」は、まさにデューイの思想を実現したかのような子ども主体の学習スタイルであったが、教師たちは夜遅くまで毎日共同で準備をしていた。例えば、竹で何かを作りたいと子どもの一人が言う。それを受けてクラスで竹細工を作ることになり、凧を作ることが決まった。するとまた別の一人が、連凧を揚げてみたいと言う。すると教師たちは共同で、子どもたちの知らないうちに連凧を作ってみる。そして、どうすればうまく揚がるのか、何個まで揚がるのかなどを前もって実験しておく。そうした準備を踏まえながらも、子どもたちには知らせることなく、ひたすら子どもたちが主体的に活動するのを見守るのである。

このような地道かつ情熱的な下支えがあってこそ、子どもたちの学習は本当の意味で主体的なものとなる。子どもたちにただ任せていれば主体的に学習が進むというような簡単なことではない。それが簡単に進むのであれば、極端な話、全ての学校の全ての授業を自習にすればいいということにもなりかねない。生徒が関心に基づいて時間を過ごす、先生はただそれを見ているだけ、というばかりでは、質の高い学習にはならないのは明らかである。主体的な学習の場を維持していくためには、一斉授業の場合以上にエネルギーを使い、準備することが教師には求められるのである。

子どもたちが自発的に主体的に学習するといえば聞こえはいいが、それを実現するには教師の高い教育力、そして教師集団の連携、学校全体で取り組む意欲など、様々な条件が必要となる。現在の教員養成の場を知る者として、学習の場を質高く維持していく教師たちが恒常的に確保できると楽観的にいうことはできない。

**「総合的な学習」とは**

そして、デューイが主張する新教育のスタイルは、大正時代にすでに実践されたにもかかわらず、現在主流として定着していない。この事実は重く受け止めるべきではないか。デューイの新教育の提唱は、デューイ自らが創始した、シカゴ大学付属小学校での体験に基づいている。シカゴでの実践は質的に価値あるものであったが、じつはその小学校での実践も、長期間持続してはいない。高い理想を現実のものとするには、数々のハードルがあるのだ。

「新しい学力」教育と看板だけを掛け替えて、デューイの積極的で主体的なスタイルの新教育をここで改めて取り入れようとするのであれば、よほどしっかりとした覚悟と展望が必要である。まず必要なのは、「新しい」とうたうことではなく、かつての挑戦がなぜ定着しなかったのか、問題点は何だったのかという検証ではないのか。

その好例として、先にも少しふれた、日本の学校で導入された「総合的な学習」の時間をめぐる顚末を考えてみよう。

「総合的な学習」が導入された背後には、「各教科の知識を相互に絡みあわせて活用できる能力を伸ばすべきである」という考え方がある。これ自体は理想的であり、批判しにくい、いかにももっともなものである。「問題解決」のために、文章を読解する国語力、統計的データを読み解き検証する数学力、実験を行なう理科の力、背景や社会的文脈を含めその問題を考える社会科の力、さらにそれをグローバルに発信する英語力を組み合わせることは、素晴らしい総合的な学力であるといえる。デューイもまた以下のように述べている。

われわれはすべての側面がむすびあわされている世界に生活している。一切の学科はこの共通の一大世界のなかにおける諸々の関係から生ずるものである。子どもがこの共通の世界にたいする多様な、しかし具体的で能動的な関連のなかで生活するならば、かれの学習する学科は自然に統合されるであろう。そうなれば諸学科の相関というようなことは、もはや問題ではなくなるであろう。教師は、歴史の課業にわずかばかりの算術をおりこむために、あれこれと工夫をめぐらすといったような必要もなくなるであろう。学校を生活と関連せしめよ。しからばすべての学科は必然的に相関的なものとなるであろう。

（『学校と社会』）

だがこのように、諸教科の知識を相互に絡みあわせて活用するためには、まず知識そのものが身についていなければいけない。すでにみたように、その知識を身につけるためには、数学、国語、社会、理科、英語とカリキュラムに沿って学ぶのがいちばん効率的である。ただ幾つもの教科をとりまぜて授業をしてみても、学力の向上を単純に期待することはできない。伝統的な教育のように各教科に分けてカリキュラムに沿ってしっかり学習したとしても、基本的な学力が身についているとはいえないのが現状である。これは、大学の教員を二十年以上やっていれば、誰もが感じる実感である。

諸教科を関係づけて問題解決する力はもちろん理想的ではあるが、まず最初の段階でつまずいているといってもいい。現実にどのようなカリキュラムを組んで、そのような「総合的な学習」を実現していくのかということには困難がともなう。

## そばを打つことの優先順位

そして、新教育のスタイルとして「総合的な学習」の時間が導入されたとき、多くの学校で行なわれたのは、そばやうどんを作る実習であった。

『総合的な学習の時間における評価方法等の工夫改善のための参考資料』には、小学六年生を対象に「めざせ名人！そばづくり‼」という授業が全七十時間（！）かけて行なわれた事例がある。そばを作るために、そばの栽培方法や歴史、食べ物としての性質を勉強し、実際に栽培してそば打ちをした上で、自分の食生活について考えるという授業である。

それら一連の活動は全く意味のないことではないかもしれないが、それを七十時間かけてやる必要があるだろうか。七十時間あれば、相当な量の重要な知識を学習することができる。それがそばである必然性はどこにあるのか。うどんでもカレーでも構わないのか。

生活の中で切実な問題が起きたと仮定し、それを解決するために、知識を動員し知恵をしぼり考えるというのであれば、新教育のスタイルとして理解できる。しかし、そば打ちは本当に切実な問題であろうか。もしそば打ちの授業が本当に素晴らしいものであるなら、全国すべての学校で七十時間かけてそば打ちの授業を行なうのがむしろ適切ではないのか。そば打ちはたまたま採用された一つの例でしかないとすれば、それに七十時間をかけるのは少々リスクが高いといえるのではないか。

子どもの学習時間は限られている。その中で、優先順位の高いものから学習していく必要がある。何を知識として優先するか決め、知識の序列、順序をしっかりと考えたものが学習指導要領をはじめとする学習カリキュラムである。

現在の教育は単元学習になっていて、単元ごとに目標が明確に定められ、最終的な学習目標も定められている。そして、これらの学習内容は中学高校、大学と学習を続ける上で前提となる非常に重要なものである。このような重要な意味のある学習内容を削ってまで、七十時間そば打ちを学ぶことが、はたして優先されるべきであろうか。

そもそもそば打ちは主体的な学習になるのであろうか。多くの子どもにとって思い出作りにはなるかもしれないが、結局は単なる思い出に留まるのではないか。理科の実験をきっちりと行なうほうがより質が高いのではないか。そうした疑問を抱かざるを得ない。

こうした、学問的な背景のない、ただのレクリエーションとも思えるような活動が全国にあふれた結果、「総合的な学習」の時間は、明確な高い評価は受けていないのが実情である。実際に授業を受けた世代でも、なんとなくぼんやりとした印象が残っているだけということも多い。「総合的な学習」で何をしたらいいのか、教師自身もはっきりとはわからずに模索していたのだろう。

## 本当の「実現」に向けて

デューイは『経験と教育』でこういっている。

たとえば、どんなに多くの生徒たちが、思考しアイディアを出そうとする気構えをそがれてしまったことか。どんなに多くの生徒たちが、経験させられたという学習のやり方ゆえに、どれほど学習意欲を失ったことか。どれだけ多くの生徒たちが、自動的な反復練習によって特殊な熟練を習得したものの、それだけに生徒たちの判断力や新しい場面に応じての知的行動力が、どれほど制約を受けたことか。どれほど多くの生徒たちの学習の過程が、倦怠と退屈なものに結びつけられてしまったことか。どれほど多くの生徒たちが、自分たちが学習したことが学校以外の生活の場とは無縁であるため、学校外の生活を統制する能力が与えられなかったことに気づいたことか。

しかし、デューイは同時にこうもいっている。

新教育に相応しい種類の教材、方法、そして社会関係を創り出すことのほうが、伝統的教育の場合よりはるかに困難な課題なのである。

現実に、多くの子どもたちに効果的な学習をさせるという点において、新しい学力に基づく教育は負担が大きいものだ。デューイは一方的に伝統的学力を否定しているものではない。伝統的な教育のよさと、新しい教育のよさのより高い次元での統合を提唱している。

現在の文科省も伝統的な教育を否定しているわけではない。教科の知識の確実な習得と、問題解決型の新しい学力の両方を身につけさせようという統合的な展望を持っている。そこを具体的にどう実現するのか、もっともっと現実に即した方法が考えられるべきなのである。

この統合はたとえ困難なものであるとしても、時代の要請もあり、挑戦し実践していく価値のあるものだ。

世界が変化し、状況が変化していく中で、適応力を持って生き抜いていく。そうした力を意識して教育を行なうことは、教育者として当然の責務である。そうだとするならば、伝統的な学力と新しい学力とを両輪として回し、伸ばしていく教育実践がスタンダードなものになるよう、スピード感を持って対応していく必要がある。現実のカリキュラムとしての実現の仕方を積み重ねていく必要がある。
今度こそ、看板倒れは許されないのである。

## 3　吉田松陰・松下村塾の「新しい学力」

### 吉田松陰のアクティブ・ラーニング

問題解決型の新しい学力を、アクティブ・ラーニングをとおして身につけていく環境としては、「塾」のような、学び手の側から師を求めてやってくる少人数の場が好条件である。日本の代表的な私塾の一つである、吉田松陰(一八三〇～五九)の松下村塾は、江戸時代末期にすでにアクティブ・ラーニングが実践されていたとみることができるものだ。

海原徹の『吉田松陰と松下村塾』によれば、松下村塾が目指したのは一人ひとりを生かす教育であった。教科書は塾生が選択する場合も多かった。何を学ぶか、どのような教科書を学ぶかが塾生に任されていたということだ。

これは一つには年齢や入塾の時期が異なる者が塾生として同時に来ていたという点、および時間的にも出入りが自由な形式であった点などからの自然な選択でもあった。藩校である明倫館の授業・試験に必要な、『資治通鑑《しじつがん》』など官学系の勉学に励む者もいる一方、明倫館の試験とは関係のない勉強をする学生ももちろんいた。

教師の松陰がよいと思った本をテキストにする場合も当然ある。従来の武士が無頓着であった経済方面の書物をテキストにすることもあり、塾生の一人である品川弥二郎は「経済は金儲けのことをいうのに、奇妙なことをいう先生だと思った」と回想している。松陰は算術や経済を重んじ、実学的な「経世済民」を目指していた。テキストも、おのずと現実の問題にいかに対処するかという問題意識が反映された選択となっている。

松下村塾には、学塾につきものの教卓がなかったといわれている。松陰は塾生たちの間を移動し、個人指導を行なっていた。明確な時間割もなく、来るメンバーや時間もばらばらで、教科書も塾生中心に選ばれたという状況の中では、おのずと指導は一斉ではなく個別的になる。

松陰は、何のために学問をするのかと問われれば、実行が第一である、ただの本を読む学者になってはいけないと答えていた。教師と生徒の関係というよりは、ともに学ぶ同志的な関係を松陰は重んじた。

**レポート作成課題**

授業の課題の中には課業作文というものもあった。これは今でいうレポートであるが、テーマは塾生各人が選ぶことも多かったようだ。出されたレポートに松陰が丁寧なコメントをつけている。レポートのテーマは松陰が出題することもあった。現実の問題に対して、どのような解決策があるかを問うようなレポート課題も出している。例えば、

安政五年(一八五八)三月二〇日、日米通商条約締結について再度衆議をつくせという趣旨の勅諭が出ると、早速松陰は、「村塾策問一道」を作って塾中の意見を聞いた。五月下旬の「暢夫(高杉晋作)の対策を評す」は、このとき寄せられた答案の一つを評したものである。なお、この策問は塾中で印刷されて、広く塾外の人びとにも配付されており、たんなる学生のレポートの類ではない。策問を通して知友の決心の如何を問う、それはとりもなおさず、真の同志を確認する有効な手段に他ならなかったからである。

(『吉田松陰と松下村塾』)

日米修好通商条約締結という現在進行中の国家的重大事をテーマとして、塾生がレポートを

書き、皆で議論をする。これはまさにアクティブ・ラーニングであり、問題解決型の学習方法であるといえる。

とはいえ、問題解決型の学習だけでなく、古典の講読や解読も当然行なわれたことはおさえておく必要がある。『孟子』などの古典をテキストにして、現在の問題を議論する。こうした古典を現代に活用する学習スタイルは松陰の得意とするところである。野山獄に後年投ぜられ、獄中にありながら同じ囚人のために講義をした記録が『講孟箚記《こうもうさっき》』である。『孟子』を引用し、日本の問題に引きつけて講義をしている。日本に生まれたからには、東西南北すべての国中に気を配るべきだといった意見が述べられている。

## 現実を把握する

松下村塾の塾内には、情報網があった。松陰は「飛耳長目《ひじちょうもく》」というキーワードを出している。これは、広く見聞きして情報を集めるということである。

例えば安政五年の清水図書《ずしょ》宛ての手紙に「飛耳長目は今日の急務に御座候」と書いている。松陰は、遠地の状況を集め、共有することが防衛のために必要だと考えていたのである。伊藤俊輔（のちの博文）や山県小輔（のちの有朋）たち六人が長州藩から京都に派遣された時などは、まさに藩が飛耳長目に努めていた例である。探索し、情報を積極的に集めることが重要であると強調している。

松陰はさらに、都会にいる弊害は、自然と情報が集まってしまうので、気持ちが甘くなり、世間が広いようでいて実は狭くなったり偏ったりしてしまうことであると指摘している。現在はまさに、インターネットをとおして情報は手軽に大量に手に入る。そうしたことでむしろ積極的な探究心が足りなくなるという状況も生まれる。松陰は、情報は自ら探究し獲得することで幅広く精度の高いものになると考えている。こうした発想により、全国から同志によって集められた情報を帳面に書き、それを松下村塾に設置したのである。

自分たちの考えに固執することなく、刻一刻変化している現実の情勢を把握することが第一と松陰は考えていた。この現実的な姿勢は松陰がもともと兵学者であることとも関係している。松陰が兵学者としてどのような人物であったかは、『兵学者吉田松陰』(森田吉彦)に詳しい。どのように自陣を守るのかという対外的な意識をつねに持ち、現実的な対策を講じておく。これが兵学者としての務めである。古典を読むだけでなく、日本の周囲あるいは世界で何が起こっているのかを正確に把握し、それに基づき実践的な思考をする。

ただ情報だけではなく、自分の足を使い現地に赴きしっかりと見ておくことも松陰は自ら行なった。東北への旅も、東北はロシアに隣接するため国家運営の点から重要であると考えたために、実行したのである。黒船来航時には浦賀に行き、黒船に実際乗り込むことまでしている。この一件で松陰は捕縛されているが、移送中次のような歌を詠んでいる。

「かくすれば　かくなるものと　知りながら　已むに已まれぬ　大和魂」

## 憧れに憧れる

吉田松陰の松下村塾は志を培う場所であった。徳富蘇峰の言葉を借りれば、松下村塾は「徳川政府顚覆《てんぷく》の卵を孵化《ふか》したる保育場の一なり。維新革命の天火を燃したる聖壇の一なり」という(『吉田松陰』)。

松下村塾は安政三(一八六五)年の七月から安政五年の十二月までおよそ二年半の期間、松陰によって運営された。この二年半という短い歳月が日本の歴史を変える起爆点となったのである。塾生の久坂玄端《くさかげんずい》は禁門の変の中心人物となり、高杉晋作は奇兵隊を組織し、幕府に勝利した。幕府の軍に長州藩という一藩が勝利したことは、江戸時代を通じての画期的な事件であった。薩摩と長州が手を結び、倒幕、明治維新の流れを作ったわけだが、ここには松下村塾の塾生が大きな役割を果たした。明治になっても、伊藤博文や山県有朋らが近代日本建設の中心となった。

一つの塾からこれほど多数の人材が輩出されたのには、教師としての松陰の類まれな資質が関係している。古典と現実の問題を結びつけ、つねに問いかけをし、意識をアクティブにさせていく。学習形態をアクティブにするだけでなく、松陰自身の情熱を伝えることによって、塾生たちの意識自体が活性化した。

教育方法上の工夫はもちろん大切であるが、何よりも教師自身のあふれる情熱が学習者たちの意欲に火をつけ、学習意欲を喚起するのである。

私は、教育の根本的な原理は「憧れに憧れる」関係性にあると考えている。教師の何かへの強い憧れが学習者たちの憧れを喚起する。教師が物理学を愛し、ニュートンやアインシュタインへの憧れを熱く生徒に伝えたとする。生徒たちはそのすごさに目覚め、物理学を一層学びたいと思うようになる。物理学という偉大な学問への教師の憧れが、学習者たちの憧れへと伝播していくのである。

親がモネの絵を素晴らしいと子どもに語り、モネへの憧れを熱く伝えたとする。どのように素晴らしいのかを親が具体的に指摘し、子どもと画集などを見ながら一緒に感嘆する。こうした、ともに感嘆し、ともに憧れる関係性ができると、一方向的に教えなくとも、学習はどんどん進んでいくようになる。モネの素晴らしさに目覚めた子どもは、生涯モネの絵によって喜びを感じられるようになる。

フランスの思想家ルネ・ジラールは「欲望は他者の欲望を模倣する」といい、『欲望の現象学』を書いた。これはヘーゲルもいっていることだが、私たちは他者の欲望に感化され、それを自分の欲望としていくものだ。ブームというものが頻繁に起きる。一旦ブームが起きると皆がそれを欲しがったり見たがったりする。しかし、ブームが過ぎれば誰も見向きもしなくなる。これは対象物に本質的な価値があるというよりは、周りの欲望が伝播したからといえる。欲望の模倣による増大がいわば自動運動となっているということだ。

教育の場においても、教師自身が新しい世界への憧れを強く持つことによって、憧れの模倣が行なわれる。学習者をひたすら自由気ままにさせておき主体性が発揮されるのを待つということをしたならば、自ら微分積分を学習したり、物理学を学んだり、古文漢文を読む者が現れるのをどれだけ期待できるであろうか。

## 教師の情熱こそが主体性を育てる

学問をする上で、それぞれの学問を学び、その学問を心から素晴らしいと思ったのでなければば、学習者の意欲に火をつけることは難しい。学問ははじめから面白いとは限らず、地道でつまらないとも思える勉強を経て、学問がわかるようになり、そして自在に応用できるようになってはじめてそのすごさ、面白さがわかってくるものである。教師は、その面白さがわかるようにするために、粘り強く自らが情熱をもって教えなければならない。

例えていえば、高い山に登るのにはガイドが必要だということである。『徒然草』には「先《せん》達《だつ》はあらまほしき事なり」と書かれている。案内人がいないと、石清水八幡宮の本体は山の上にあるのに、それが素人にはわかりにくいために、肝心の山に登らず帰ってきてしまうということがあるのだ。

子どもたちに任せていれば、どんどん学習が進み、全教科を網羅して意欲的に学習するなどというのは、全くの幻想である。高校での物理の履修者は現在二割を切っている。一九七〇年代には九割程度が履修をしていた。「選択の自由」を導入した結果、高校生の七割以上が物理を履修しなくなったということだ。

物理は計算をともなうので、算数や数学が苦手な者は敬遠しがちになってしまう。しかし数学が苦手だから、あるいは生物や地学を学んでいるからなどといった理由で、物理を学ばなくてよいということにはけっしてならない。そのような理由で、物理学のような重要な学問を全く学ばずに高校を卒業する者がほとんどだという現状は、生徒の主体性や選択の自由という言葉の悪しき影響を物語るものである。

繰り返しになるが、私たちは自由、個性や主体性といった聞こえのいい言葉に踊らされがちである。学校は一定の強制力を持って、身につけるべき知識を身につけさせることに、基本的な存在意義があるともいえる。各人の個性に任せて自由で主体的な学習に期待したとしても、学習が広く深くなる保証は全くない。むしろ現実はその逆であることを示している。

カギになるのは、教師や親の情熱であり、憧れる力である。その熱情が環境作りにもつながる。

オリンピックで金メダルを獲得した室伏広治氏の父、重信氏は、ハンマー投げで「アジアの鉄人」と呼ばれた名選手である。重信さんは、広治さんがハンマー投げをすることになる過程において、強制などは一切しなかったという。自然にハンマー投げに興味を持ち、トレーニングをしていたという。

しかし、仮に親にハンマー投げへの情熱がなく、環境作りもしないとしたら、子どもがハンマー投げを熱心にすることが一般的にあるのだろうか。少なくとも私が知る範囲では、自発的にハンマー投げをやっていたという人物に出会ったことはない。ハンマー投げで日本人が世界のトップになるという強い憧れと情熱を重信さんが持ち、環境を整えたからこそ、広治さんの金メダル獲得につながったといえる。

金メダルを取るレベルになっても、重信さんは毎回ビデオで息子の映像を撮り、チェックをしていた。広治さんは独自な練習方法を編み出すことで有名だ。一本歯の下駄を使ったり、扇子を使ったりと練習を工夫している。まさに意欲的で主体的な学習を続けている、新しい学力のモデルといえる。そしてそうした「学ぶ力」は、父親の重信さんがつねに見守っていたことで育成されたと考えられる。教師や親の情熱や環境作り、そして見守る力が学習者や子どもの意欲を育て、積極的な学ぶ力を身につけさせることになるのである。

憧れや情熱を抜きにして、新しい学力やアクティブ・ラーニングといった表面上の教育形式のみを実践しようとすることは基礎工事のない建築のようなものである。肝心な推進力のないところで学習形態だけを変化させたとしても、学習が拡大深化していくことにはならない。教室空間や家庭の学習空間を支えるのは、教師や親の情熱であり配慮である。マニュアル化しにくいその根本的な部分こそが「新しい学力」の柱なのである。

## 4　福沢諭吉を育てたのは

### 福沢の「役立つ学問」

最後にもう一人、「新しい学力」の源流たる先人をみておこう。

福沢諭吉(一八三四〜一九〇一)が、明治の代表的な開明的人物であることは異論のないところだろう。彼は西洋諸国の文明を学び、実学を重んじた。科学を中心として、実際に役に立つ学問を強調した。

> 視察、推究、読書はもって智見を集め、談話はもって智見を交易し、著書演説はもって智見を散ずるの術なり。然《しか》り而《しこう》してこの諸術の中に、或いは一人の私《わたくし》をもって能《よく》すべきものありと雖《いえ》ども、談話と演説とに至っては必ずしも人と共にせざるを得ず。演説会の要用なること、もって知るべきなり。
>
> (『学問のすゝめ』十二編)

知見や知識は相互に交換されることによって、価値が高まる。グループ・ディスカッションやプレゼンテーションの重要性は明治時代の初頭から福沢が提唱していたことであり、今に始まったことではないのである。その意味で、福沢はこの時代から新しい学力の萌芽を提唱していたともいえる。

## アクティブな読書

このように開明的な考え方を持った福沢諭吉であるが、福沢自身が受けた教育はむしろ伝統的な教育であった。幕末の一般的な教育である『孟子』の素読から始まり、漢学の講義を聞いた。とりわけ得意だったのは、左伝、すなわち『春秋左氏伝《しゅんじゅうさしでん》』であった。「殊《こと》に私は左伝が得意で、大概の書生は左伝十五巻の内三、四巻でしまうのを、私は全部通読、およそ十一度《た》び読み返して、面白いところは暗記していた」（『新訂福翁自伝』）。

ただの読書ではない。元の漢文を全十五巻通読し、さらに十一回読み返しているのである。読書は伝統的な教育の柱であるが、十一回読み返すという常識を超えた行為、これはもはや主体的な、アクティブな活動であるといえるのではないか。

江戸時代の本の読み方は、素読を中心とする、繰り返し読むことで体に刻みつけるような読書法であった。知識の内容としては、『春秋左氏伝』は古いものかもしれない。しかし、それを十代のうちに何回も読み返し、面白いところは暗記してしまうような学習は、生涯の知的財産となる。

**語学を学ぶ**

長崎に遊学し、オランダ語に触れた福沢は、大坂の緒方洪庵《おがたこうあん》の適塾《てきじゅく》で本格的にオランダ語を修行することになる。

『福翁自伝』の「緒方の塾風」に詳しいが、塾ではオランダ語の試験があり、徹底的に読む訓練をしていた。福沢自身も、読解をするという地味な勉強をひたすら何年も熱心に続けていたという。月に六回も試験があり、オランダ語を読む実力があるかないかが明確な基準ではかられ、順位がつけられる。これは各人それぞれのテーマで研究し、レポートを出すといった種類の教室とは全く異なる。個性や主体性といった要素ではなく、外国語を読むための語学力がひたすら求められる。そうした修行を何年も積んだ結果、福沢には外国語の読解力が技として身についたのである。

時代の主流がオランダ語から英語に移ったことを知った時は一旦は絶望した福沢であるが、洋学者として生きていくには英語を知らなければいけないとなり、「一切万事英語」と覚悟を決めて学習に取り組んだ。

詰まるところは最初私共が蘭学を捨てて英学に移ろうとするときに、真実に蘭学を捨ててしまい、数年《すねん》勉強の結果を空《むなし》うして生涯二度の艱難辛苦と思いしは大間違いの話で、実際を見れば蘭といい英というも等《ひと》しく横文《おうぶん》にして、その文法も略《ほぼ》相同じければ、蘭書読む力はおのずから英書にも適用して、決して無益でない。水を泳ぐと木に登ると全く別のように考えたのは、一時の迷いであったということを発明しました。

(『新訂福翁自伝』)

オランダ語か英語かという問題ではなく、文法を理解し読解をするという根本的な語学力が身についていたということである。

辞書を使い単語を覚え、読解に取り組む。こうした伝統的な学習法で語学の勉強を進め、テストを通してチェックされる。この学習形態からは、個性や主体性はそれほど感じられないかもしれない。ディスカッションやプレゼンテーションも緒方の塾の中心ではない。しかし、外国語を読むという技を徹底的に修練することが後の福沢の活動の根本的な基盤となったことに注目すべきである。

彼は慶應義塾のカリキュラムについて語る時も、洋書を原書で読めるようになることを柱として挙げている。原書を読むことができれば、進んだ学問を自分で学ぶことができる。そうした根本的な学力を福沢自身は緒方塾(適塾)で身につけ、慶應義塾の塾生にも身につけさせようとした。

現在でも、ただ英語の学力をはかるのであれば、センター試験のような一般的なテストでおよその実力がわかる。この試験の中身はいわゆる個性や主体性を問う問題ではない。基本的にはかられるのは、語学力という明確な伝統的な学力である。

## 強制力の効用

伝統的な教育のよさは、教科内容をしっかりと身につけさせる点にある。テストという強制力をもって、学習に緊張感を持たせ、客観的に評価をする。新しい学力は一律的なテストではかることが、伝統的な学力よりも難しくなる。繰り返し行なわれるテストで自分の実力を客観的に知らされることになる環境では、甘えが許されず、学力向上の目安がはっきりする。もし緒方洪庵の塾がオランダ語を読む実力を切磋琢磨する修行の場ではなく、現在学校教育に取り入れられている「総合的な学習」の時間のようにふわっとしたものであったならば、日本の近代化を導いた洋学者・福沢諭吉が誕生したであろうか。

福沢自身は漢学を嫌い西洋の学問を推奨したが、生涯続けた著述においては、漢学の素養が活用されている。膨大な著作によって国中に影響を与えたことが福沢の主たる業績であるが、その著述は十代に培われた漢学の素養を基盤としている。福沢諭吉の言葉の使い方、自分の意見を明確に表現する表現方法はじつに自由自在である。考えていることが的確に伝わるような明確な文章を福沢は書く。この明確で内容の豊富な文章は、漢学の修練をした者でなければ書けない文体によってなされたものである。

私たちはある有名な人物が主張する内容をみるとき、その主張自体とは別に、その人物自身が本当はどのような学びをしてきたのかを注意深くみる必要がある。その主張内容には必ずしも結果の裏付けがあるとは限らないが、優れた人物が受けてきた教育は、少なくともその人物を生み出すという大きな結果を出しているからだ。

そう考えると、明治日本という近代国家を造り上げたのは、江戸時代の素読中心の学習をしてきた者たちである。伝統的な教育の最たるものである素読を中心とした学習によって育てられた者たちが、なぜ世界史上まれにみるほどの急速な近代化をなしとげることができたのか。この逆説をよく考えてみる必要がある。

明治時代や戦後は問題解決能力がとりわけ求められる時代だった。情報を素早く入手し、現実に対応していく。そうしたスピード感のある適応力は、まさにこれからの新しい学力が目指そうとするものである。しかし、そうした適応力を発揮した人々が伝統的な学力により育ってきたという事実を忘れるわけにはいかない。

# 第五章　真の「問題解決能力」を鍛えよう

## 1　真のアクティブ・ラーニングの実践

### 人物の「核」を作る

「新しい学力」「問題解決型の学力」が求められるのは、現代の流れである。変化の激しい状況の中で、各人が適切な判断をしていくことが求められている。だがこれまでの章でみてきたように、それはあくまで諸学問を背景とした伝統的な学力と支え合ってこそ、はじめて本物の力となるだろう。

また、再三指摘してきたように、問題解決型の学力を伸ばす教育には、教師や親の側にも熟練のスキルと教育への情熱、また生徒や子ども一人ひとりに寄り添う丁寧なケアが必要となる。

「自発的な」「個性ある」人物を育てるというのは、けっして子どもを放置することではない。

さらに重要なこととして、私は人間性の核となる「志の教育」を挙げておきたい。グラフや数式をみて状況を判断する能力や、流暢な英語でプレゼンテーションする能力をどれだけ磨いたとしても、その人物の核心に、学問を愛する情熱や、善きことを求める倫理観がなければ、それはまさしく単なるスキルに過ぎず、何の意味もない。磨いた学力で、何を考え、何を求めていくのか。本当に重要なのはそこではないだろうか。

二〇〇八年に世界的な経済不況を引き起こしたリーマンショックを思い起こそう。リーマン・ブラザーズで働き、世界の金融を牽引していた人々は、おそらくは数学的能力に長け、プレゼンテーション能力を発達させた、「問題解決能力」にとてつもなく秀でた人たちだった。しかし問題は起こり、世界的にその結果が波及したにもかかわらず、その責任を誰かがまっとうしたようには思えない。

デューイやルソーが求めたような、民主的社会の一員として、社会の一翼を担う個人を育てるためには、あるいは吉田松陰や福沢諭吉のように自発的に考え、行動し、責任を引き受けていく人物を生み出すためには、その人物に核となる「志」のあることが重要なのだと考える。そして同時にそれは、単に「頭で考える」ということではなく、とても身体的なことである。

身体的であるということは、まさしく「一人ひとり違う」ということだ。背の高い人もいれば低い人もおり、あるいはもともと体力がある人もいれば疲れやすい体質の人もいる。しかしその「個性」と切り離して、「問題解決能力」や「判断力」を皆一律に伸ばす、ということはありえない。数値化・一般化しにくいからこそ、その大前提が重要なのである。

ではその上で、教師として親として、新しい、しかも本当の意味で「問題解決」できる能力を育てていくにはどうしたらいいのだろうか。本書の最後となるこの章では、私自身が一人の教師として長年取り組んできた具体的な試みをいくつか紹介することにしたい。

## 「読書」によるアクティブ・ラーニング

まず一例として、大学で行なっているアクティブ・ラーニングの実践例を挙げておこう。

私は大学で、教職課程の授業を数種類担当している。その中に「教育基礎論」という科目がある。週一回九十分で全十五回、受講人数は約百人ほどだ。受講生の多くは教師志望の大学一年生で、四月からの授業なので、ほんのひと月前までは高校生だった学生がほとんどである。

そこでの授業のプログラムは、以下のようなものである。

まず大きな枠組みとして、前半は各回のテーマに沿って講義を行なう。そして後半はアクテイブ・ラーニングの時間をとる。アクティブ・ラーニングの時間では、例えば、本を読む習慣を身につけるため、主に自分で選んだ新書を読んできてもらい、次の週にその本について発表をしてもらう、ということを行なう。新書には、学問的な成果がコンパクトに整理されて収められている。高校までの学習とは違い、広範囲の学問に目を開かせるには、新書を大量に読むことが効果的である。年度によっては、一週間に三冊新書を読んで発表してもらうこともある。新書を読みなれてくると、問題意識が高まり、様々な学問の面白さに気づくようになる。

ポイントは、読書してきた成果をほかの学生に発表するという「アウトプット」が目的として設定されているということである。なんとなく好きな本を読んできて、発表もしないでそのままにしておくというやり方はとらない。他の人にはっきりと説明することができるようにするための読書を求める。

具体的には、四人一組になり、自分の読んできた本について、それぞれ一〜二分で説明する。そのとき、発表者は一人で立って説明する。そのプレゼンテーションが終わると、四人で一分間議論する。それが終わると次の発表に移る。四人全員がやっても総計十分程度の発表と議論だが、濃密な学習が行なわれる。学生たちは緊張感を持って本の内容を発表し、議論を行なう。新書四冊分の専門的な知識がベースとしてあることによって、ただの話し合いとは格段に異なる質の高さが保証される。
自分が読んできた本を人にお勧めとして紹介すると、自分自身その本に対する愛着が一層深まる。プレゼンテーションしているうちに、自分が著者の代弁者となる感覚で熱心に説明することになる。その熱意がないと、周りの三人には内容が上手く伝わりにくい。四人全員が発表し議論が終わったところで、誰のプレゼンテーションが一番よかったのかを、一斉に声に出して「〜さん」と指名する。また、議論において誰が最もクリエイティブであったのかも投票する。自分の発表が評価されることで、緊張感が生まれ、次回はより改善しようというモチベーションになる。

読書は比較的個人的な作業と考えられがちであり、学校の課題として読書感想文を書くことがあっても、それを先生に提出して終了ということも多い。しかし読書は、アウトプットとその評価を前提として行なうことで、より一層現代的な、効果のある課題となる。

本を読みながら、これを人にどう説明したらいいのか考える。自分の関心、好奇心や問題意識といった積極的な意識を働かせて本を読む。どの文章を引用すればいいのか考え、引用文を選択する。気になるところに赤緑青といった色のボールペンでチェックをしていく。自分自身にとってその本がどのような意味を持つのかを、つねにボールペンで意識することで、本への関わり方が一層深くなり、アクティブになる。本をただ読み、説明するだけでなく、それをめぐってディスカッションすることで、問題意識が広がる。自分以外の学生の発表する本の内容を聞き、議論に参加することで、その本を読みたくなる。

こうして、読書↓プレゼンテーション↓ディスカッション、そして次の読書へ、という流れができあがる。本を読む習慣を身につけさせたいのであれば、人前でその内容をアウトプットし、自分の視点を提案するという緊張感のある場を作るのが効果的である。「新書から選ぶ」という限定をつけるのは、好きな本をただ選ばせるだけだと、娯楽本や幼稚な本を選択してしまうことも多いからだ。しっかりとした学問的知識を背景とした知的水準の高い本を読むことが学力形成の基盤となる。

読書は問題解決型の学力にとっても、つねに基礎となる知的活動である。ベースに知的な学問の蓄積がなければ、ディスカッションは、ただ思いつきを語るだけのおしゃべりになってしまう。読書活動は新しい学力においては必須の基礎である。

## 当事者意識の重要性

その他に行なっているアクティブ・ラーニングとして、自分の問題意識を「これがすごい！」というテーマで、グループ内で発表させることもある。例えば、自分の興味のある学問において、これはすごいと感じるものについて、ポイントを三つ挙げて説明する。そのとき、必ずＡ４のプリントを一枚か二枚用意してもらう。プリントを作ることで、発表内容の質が格段に高くなる。場当たり的に思いつきでなんとなく話すことを続けていても、質は向上しにくい。プリントにしっかりと要点をまとめることで、考えが深まる。

調べ学習は、プリント作成を義務づけることで、真剣で積極的な活動となる。プリントを用意することは、プレゼンテーションを聞く側には最低限の礼儀だということを学生に理解してもらう。私は冗談ぽく「発表プリントは、水泳の時間の水着にあたります。水着なしで授業に参加すると、たとえ当人が平気でも、他の人が見ていていたたまれなくなりますので、必ずプリントという水着を持ってきてください」という。このようにプリントを用意することの重要性を認識してもらうと、約百人の学生が一人も欠かさずプリントを用意してくるようになる。

プリントを作成する能力も、一回ごとに向上してくる。パソコンを使って、上手にまとめてくる学生がいれば、それを真似して見やすいプリントを作るようになる。画像がある方がよいとなれば、自分も次回からビジュアル的に人の興味関心を引きつけるものを作ろうとなる。プリント作成の能力はＩＣＴの活用力と連動している。パソコンを使い、パワーポイントなどを活用することで、どこで発表しても恥ずかしくないプレゼンテーションの能力が身につく。当然、安易なコピー&ペーストは禁じ、自分自身で考えたポイントを三つ、くっきりと提示してもらう。

この場合も、四人一組で一人ずつ発表をし、そのテーマについて議論をし、それを順々に回していく。最後に、「誰のプリントが一番準備がよかったか」と、「総合的にみて誰の発表が一番よかったか」の二点で投票を行なう。票が一つも入らなかった人は多少ショックを受けるが、次に向けてしっかり改善しようというモチベーションにもなる。そして、ちゃんと準備をすれば票が入ることも多いので、次も票を獲得しようと毎週準備をするようになる。私は毎週出席票の裏に感想を書いてもらっているので、毎時間の学生の感触がわかる。一番多いのは「グループの中に、プリントの上手な人がいたので刺激を受けた」という感想だ。切磋琢磨する場を作り上げることが、アクティブ・ラーニングの核心である。

このアクティブ・ラーニングでは、先ほどいったように、全員がプリントを用意し、全員が積極的にその場に関わることが重要である。当事者意識を持って場に臨むことが、問題解決能力養成にとって一番の基本であるからだ。当事者意識を持つには、自分で準備をして臨むことが不可欠である。

プリント一枚を作り、持ってくる。これだけでも当事者意識を持たせることができる。質を高くすることは必ずしも重要ではない。とにかくプリントを作って持ってくる。「仕事で一番重要なのは納期を守ることだ」と説明し、とにかく次の授業までに本を読み、プリントを持ってくることを最優先にさせるのである。ただそれだけでも、学生にとって得られるものは大きい。

**新聞から社会を知る**

新聞を題材にした発表を行なってもらう。新聞の記事で関心を持ったものを切り抜くかコピーして、ノートの左側に貼ってもらう。右側には、記事の図解を書き、コメントを書いてもらう。新聞を購読していない学生も多いので、図書館でコピーをしてもらうのでも構わない。また、一週間ほど前の新聞でも全く構わないと指示をする。一週間分の新聞スクラップブックを持参して、四人一組の発表を順次行なっていく。その新聞記事をわかりやすく説明し、問題点をクリアにした上で、自分のコメントをつける。一分間で新聞記事プレゼンテーションを行なう。

そうすると、その新聞記事は「自分の問題」になる。一般的な問題ではなく、自分自身が関心を持ち、積極的に関わりたい問題となってくる。これが発表の魅力である。新聞記事を発表することによって、社会的な意識が非常に高まったと、ほぼ全ての学生が言う。新聞は素晴らしいものだという感想を全員が言うようになる。情報量が多く、事実に基づいて思考することができやすい点も学生たちには好評である。

問題解決型の学力の向上にとって、新聞を題材とした学習は最も効果的なものである。新聞が扱っているのはつねに現実の問題である。問題を無理にひねり出さなくても、社会にはすでにたくさんの問題がある。それを新聞は示してくれている。現実をしっかり見据え、事実に基づいて、どうしたらいいのかを皆で考える。これが民主主義社会の基本的な在り方だ。事実を共有しないで思い込みで議論をしていても、さしたる成果は得られない。偏見をできるだけ排除し、互いの議論のベースとなる事実を確認した上で話し合いをする。これが問題解決のための議論のルールである。

感情的になることなく、様々な視点から問題をとらえていく。記事を発表する際にも、複数の視点を用意してもらう。賛成・反対・中立といった三つの立場で整理してもいい。

例えば、イギリスのEU離脱か残留かという大きな問題が持ち上がったときには、この問題についての記事をベースにして考えてもらった。そうすると、ただ印象や感情論で語るのではなく、しっかりとした事実を共有して考えることができる。英国民の価値観を前提にして、自分たちならどう考えるかという当事者意識を持って判断してもらう。自分たちの問題であるという想像力が学習を真剣なものにする。当事者意識を持って臨めば、新聞には様々な問題解決のテーマが詰まっている。

これは私の提案だが、小中高校で月曜日の朝に新聞記事を持ち寄って、四人一組で集まって発表するという活動をぜひ取り入れてほしい。毎朝必ず十分程度本を読む、「朝の読書運動」はすでに定着している所が多いようだが、その時間の一部を新聞発表に転換してもらいたい。月曜日に発表するとなると、日曜日にその題材を家族で話し合うこともできるだろう。選挙権が十八歳に引き下げられ、主権者教育の重要性も見直されてきている。主権者教育には新聞が有効である。

こうした取り組みは小学校でも十分可能である。新聞を取り入れた学習は、すでに学習指導要領にも入っている。民主主義社会の主体として活躍できる力を身につけるため、そして新しい学力を身につけるために、新聞を用いた発表とディスカッションは基本となる学習活動ではないだろうか。

### プレゼンテーションによる勇気の養成

人に向かって自分の考えを出していく、伝えていく力が、新しい学力には含まれる。しかし人前で自分の考えをまとめて話すには、思考力だけでなく、「勇気」が求められるだろう。

だが、プレゼンテーションというと高級な感じがするかもしれないけれども、すでに述べたように、じつは日本の小学校では、発表という形で繰り返しこの練習をしてきている。それが中学、高校と進むにつれ、発表の機会が減って、先生の話を聞く受動的な時間が増えてくるのである。むしろ、中学・高校・大学において、発表(プレゼンテーション)の機会を増やしていこうというのが、新しい学力及びアクティブ・ラーニングの流れである。

人前で話すのには、勇気や度胸が必要だ。聞く人数が増えればそれだけ緊張し、言葉がスラスラと出てこなくなりがちである。それを乗り越えるには、単純だが、「慣れ」が一番の特効薬である。

大学の授業で百名を前にして発表する学生は、前に出ると手足が震えるとよく言う。しかし、一度発表をすると、それがむしろ快感となり、二度目、三度目と自ら前に出てくるようになる。

コンパクトに内容をまとめて話せるように、事前に練習をすることも効果的である。重要なのは、一番大切なポイントや結論を最初に言うことだ。それから、具体的な段取りを説明する。

テレビCMの時間がおよそ十五秒なので、その感覚でコンパクトに説明できるように準備をするとよい。

その際、余計な言葉を言わずに、しっかりと意味が伝わる日本語で話すよう指導する。言い訳や前置きはなくし、「え〜と」といった迷いの言葉も言わないように指示をする。そう指示した上で前に出て話をしてもらうと、かなりテキパキと話ができるようになる。

メンタルの弱さが問題とされることが、現代の若者には多い。若者たち自身も、自分の精神力には不安を感じている。人前で話す勇気をしっかりと技として身につけていくことで、彼らは自分のメンタルの強さを感じることができるようになる。人前でのプレゼンテーションは、勇気を養成し精神力を鍛えるためには大変よいトレーニングである。

## 「日本人はプレゼンテーションが苦手」なのか？

より精神力を鍛え、勇気を養成するために、全員に英語でプレゼンテーションを行なってもらうこともある。できるだけシンプルな英語で、内容が伝わるように準備をしてもらう。英語でのプレゼンテーションが終わったら、その話題で盛り上がるように英語で会話をする。これもまた複雑な英語ではなく、シンプルな英語で気楽にやるように指示をする。拍手やハイタッチを用い、リアクションを大きくするように約束事を決めておくことで、英語で話す勇気が生まれる。

英語で自分の考えを発表する練習は、どんな国際的な場においても発表する勇気を持つことにつながる。せっかくいい内容を考えていたとしても、積極的に発表しなければ社会には認められない。日本人にとりわけ今求められているのは、自分の考えを積極的に発表する力である。それはプレゼンテーションの能力というよりは、むしろ勇気の問題であると私は感じている。

こうした英語でのプレゼンテーションを終えた後、日本語でプレゼンテーションを行なうと、気楽にすいすいできるようになる。「日本人はプレゼンテーションが苦手だ」というのは全くの思い込みだ。プレゼンテーションは難しい技術ではない。適切に指示をして、五回ほど練習すれば、小学生でも大学生でもテキパキと発表することができるようになる。発表に慣れ、人前で話す勇気を持つ練習が必要なだけである。考えをとりまとめ、限られた時間でコンパクトに話す練習を意識的に行なえば、国際的にも全く問題ないプレゼンテーションができる。必要以上に劣等感、コンプレックスを持つのは馬鹿げたことである。

アクティブ・ラーニングの手法ではプレゼンテーションが大きな軸になるが、忘れてはいけないのは、プレゼンテーション能力自体に学習の本質があるわけではないことである。数回の練習でできるようになる程度の技術におびえすぎると、学習の本質を見誤ることにもなる。

## ディスカッションのポイント

ディスカッション能力においても、人の気持ちに配慮した発言ができる日本的な風土は議論に向いていないどころか、むしろ雰囲気を良好に保つためには有効であると感じる。感情的な対立を生むことなく、多様な意見を交わすことができれば、より生産的な対話をすることができる。もちろん遠慮しすぎていては、議論は進まない。相手の考えをしっかりと理解した上で、質問をし、コメントをしていく。質問力やコメント力をつねに意識することで、場を活性化させることができる。対話の雰囲気を友好的にし、しかもクリエイティブにすることは、それほど難しいことではない。

基本となるのは、自分の意見を声高に述べることよりも、むしろ理解力である。相手の意図を察知し、感情を読み取る。そうした上で、考えを深める角度のついた質問やコメントを投げかける。複数の視点をお互いに提示しあうことで、よりリアリティのある問題解決につながっていく。手元に紙を用意し、相手の意見の重要な事柄をメモする習慣をつける。そして、質問したいことをメモし、コメントを紙に書きつけ、用意をしておく。

紙にメモを書きつけながらも、できるだけ目線は話している人に向け、身体全体で反応するようにする。胸を発表者の方に向け、身体全体で聞く。相手の話を面白そうに身体全体で聞く。これが聞く構えの基本である。

論理をつかむだけではなく、相手の感情をつかむことが真の対話法である。身体全体を聞く構えにセットし、リアクションを大きくする。相手の話の中のキーワードを相槌を打つように繰り返し、共感を示すように聞く。こうして寄り添うように聞いてもらうと、発表者はリラックスできる。お互いに意見を聞き、その上で異なる考えを受け入れながら思考を深めていく。これが協働的な学習の基本となる。

聞く構えにせよ、積極的に発表する構えにせよ、全ての基礎となるのは身体である。身体が他者に対して開かれていることで、場は活性化する。国際的なコミュニケーションが求められる現代では、とりわけ身体がオープンであることが求められている。軽く体を揺さぶり深く呼吸をすることで、オープンな状態をセッティングすることができる。

新しい学力やアクティブ・ラーニングといったものの中核は積極性であり、それは身体ごとトレーニングされるのが望ましい。教師自身が積極的でオープンな姿勢を保ち、場の雰囲気を活性化させていく。これができなければアクティブ・ラーニングによる学習は上手くいかない。

## 2　古典力を養成する

### 古典力を養成する

問題解決を行なっていくためには粘り強い思考力が必要となる。困難を目の前にしてもひるまずに取り組み、持続的な思考を維持する、いわば「思考の持久力」が求められる。それを養成するためには、名著と呼ばれる「古典」を読むことが効果的である。

著者の思考にしっかりとついていき、著者と対話するように思考を深めていく。いわゆる古典的名著は取り組むのに少々骨が折れる。その骨折りが思考の持久力を鍛える。栄養豊富だが、歯ごたえのある食物が古典的名著だ。それをしっかりと嚙み続け、思考の体力をつけていく。これが粘り強い思考力を鍛える王道である。

私の「教育基礎論」の授業では、『論語』、福沢諭吉の『学問のすゝめ』と『福翁自伝』、デカルトの『方法序説』、ドストエフスキーの『罪と罰』と『カラマーゾフの兄弟』、ニーチェの『ツァラトゥストラ』を課題図書としている。それぞれ日にちを決めて、その日までに読んできた上で、話し合いをする。ただ本を読んでくるだけではなく、その本から刺激を受けて何か自分なりの授業案を考え出し、プリントにまとめてくるという準備をしてもらう。

例えば同じ『論語』を読むとしても、人によって刺激の受け方は様々だ。師弟関係に焦点を当てる学生もいれば、学びについて考える者、精神的な徳についてテーマにする者など、多様なテーマ設定が行なわれる。共通の古典を課題テキストとしてベースを作った上で、学習者が自分のテーマを自分で決定し、できるだけクリエイティブなプレゼンテーションを行なう。世界的な名著を基礎として共有することで、話し合いがレベルの高いものとなる。その上で、グループの他の人の発表を聞くと、同じ書物から受ける刺激でも出てくる授業案がこれほどまでに違うのかということに皆驚き、そこでも刺激を受けることになる。

### 取り組ませる工夫

これらの古典は歯ごたえがあるだけでなく、分量もかなりある場合が多い。そのため全員が完読できるとは限らない。しかし、とにかくチャレンジし、理解した範囲で自分なりのプレゼンテーションを行なう。古典を取り扱うと、渋い雰囲気になりがちなので、私はあえて「論語祭り」「諭吉祭り」「デカルト祭り」などと名づけて、お祭りとして楽しむ雰囲気を盛り上げようとしている。

厳しい課題をこなしていくためには、モチベーションを高める必要がある。そこでは、教師のリーダーシップが重要となる。その古典がいかに素晴らしいものであるかを事前に説得力を持って説明し、モチベーションを高めておく。古典的名著を読むことが一生の宝になるのだと確信させることができれば、学生の取り組みは真剣になる。

このような厳しい課題を乗り越えると、自分の粘り強さに自信を持つようになる。『論語』を読み、デカルトやドストエフスキー、ニーチェを読んだことで、いわば世界の文化山脈を踏破した達成感を得ることができる。こうした読書は、学生にとってそれ自体が確固たる体験となる。偉大な著者の精神性に浸り、その思考の深さにふれ続けることで、深い粘りのある精神力が鍛えられる。

## 「強さ」を身につける

私が、今まさに導入されようとしているケーススタディ型の問題解決トレーニングに危惧を持つのは、それだけでは真の問題解決能力につながらないのではないかと疑問を抱いているからである。現実の複雑な問題、新たな問題を克服するためには、精神的な強さが最も必要になる。ロジカル・シンキングのトレーニングや、問題解決のケーススタディといったカリキュラムは、いかにも実践的で効果がありそうにみえるかもしれないが、実際の問題解決能力は、困難を目の前にしてもひるまない精神力と行動力が根幹となる。

古典的名著を読み込む作業を続けることによって、著者の精神力が読者であるこちらにも乗り移ってくる。情報を処理する感覚とは全く別種の、偉大なる人格にふれることによる感化が起こる。

真の問題解決能力とは、全人格的な強さである。古典的名著を読み、そこから自分のアイディアを導き出し、他者と意見を交換しながら思考を深める。こうした骨太で本格的な学習こそが、問題解決型の新しい学力と、知識を重んじる伝統的な学力の融合した真の学力を育てると考える。

## 3　「知情意」、そして「体」



生きるための三つの力

日本の教育界が三十年来スローガンとしてきたのは「生きる力」である。この「生きる力」という表現は抽象的に過ぎるので、私はそれを「三つの力」として再構成して提言したことがある。それが「真似る力」「段取り力」「コメント力」である。この三つの力を身につけることで、現代の厳しい社会でも生き抜いていくことができると考えた。その詳細は拙著『子どもに伝えたい〈三つの力〉』及び『教育力』に譲るとして、ここでは総合力としての「知情意体」を強調しておきたい。

「知情意」というのは、知性と感情と意志のことである。人間の三つの心的要素とされ、「知情意の円満な発達」などのように使われる。知情意が人間性にとっての三本柱であることを理論的にいったのは、ドイツの哲学者カントである。カントはただ知力のみによって人が生きるのではないと考え、感情や判断力も重視した。

知性を育てるのが重要であることはいうまでもないだろう。知性があることで、自分と考えが違う人との対話も冷静にできる。困難な問題を目の前にしたときも、問題点を冷静に分析し、対策を理性的に考えることができる。これが知性の力である。

感情面での理解力もまた、共同作業をしていく上では重要なものだ。知力は優れていても、人の感情がわからないというのでは、一緒に生活したり、仕事をするのが難しくなる。ちょっとした表情から相手の感情を読み取り、感情の行き来をスムーズに行なうことができないと、実際の人間関係は良好に保ちにくい。仕事の場においても、感情を全く排除して事柄そのものだけを議論するというのは現実的ではない。上司の感情を損ねれば対話は上手くいかない。上司だけではなく、部下の感情に配慮することができなくては、現代の上司としては資質を欠くと見なされる。感情面の理解力と表現力は現代においてより重要性を増している。

意志もまた、現実の問題を解決していくためには重要な力である。頭がよく、人の気持ちがわかる優しさがあったとしても、意志がなければ困難を克服することは難しい。

私の考えでは、問題解決型の学力は、本来的には意志の力を養成することに基盤が置かれるべきである。現実の問題を解決していくのに最も重要なのは、意志の力であり行動力である。「何としてもやり遂げる」という強い意志を持つことで現実が変わっていく。スティーブ・ジョブズにせよ吉田松陰にせよ、強い意志があってはじめて現実を動かすことができた。新たな困難を前にして、新たなビジョンを思い描き、その実現に向けて行動する。これは意志の力によって実現される。意志力を鍛えるためには、非合理的とも思える状況でもしっかりと自分の考えを貫く、そのような鍛錬が有効である。

幕末・維新の立役者の一人である勝海舟は、自らを振り返って、剣と禅の修行によって精神力が鍛えられ、それが後々の問題解決力につながったといっている。

この坐禅と剣術とがおれの土台となつて、後年大層ためになつた。瓦解の時分、万死の境を出入して、つひに一生を全《まっと》うしたのは、全くこの二つの功であつた。ある時分、沢山剣客やなんかにひやかされたが、いつも手取りにした。この勇気と胆力とは、畢竟《ひっきょう》この二つに養はれたのだ。危難に際会して逃れられぬ場合と見たら、まづ身命を捨てゝかゝつた。しかして不思議にも一度も死なゝかつた。こゝに精神上の一大作用が存在するのだ。

（『氷川清話』）

倒幕の流れの中で江戸城と江戸の町をどうするのか、幕府と徳川家をどうするのか。官軍を江戸に受け入れれば、それは徳川家の敗北を意味するため、徹底抗戦を主張する旧幕府の人間が存在する一方、ひとたび戦となれば江戸の町が火の海となるおそれがある。このきわめて困難な問題を、勝は西郷隆盛とともに、江戸城無血開城という形で解決した。剣と禅で鍛えた意志の力があったからこそ、このような大問題を解決することができたと勝は自分自身で考えている。

江戸城無血開城は、勝海舟と西郷隆盛の二人の信頼関係が基礎となっている。彼らはお互いに腹のうちを見せ合うことで、信頼し合った。勝は西郷の大胆識と大誠意を高く評価している。肚《はら》の大きな人間同士だからこそ、歴史を左右する問題解決を行ないえたのである。

現実の問題解決にはつねに知情意の総合力が求められる。それは仕事上のことであっても、家族内の問題を解決する時でも、もっと公共的な大きな問題に取り組む時も変わらない。つねに情を含めた総合力が必要となるのである。

**知情意「体」とは**

私はこの知情意の三つに「体」を加えて、「知情意体」の四つの力を提言している。この「体」は体力、気力を意味するとともに、他者に反応する身体的な構えも意味するものである。

私たちは言葉でコミュニケーションする以前に、身体次元においてコミュニケーションをしている。身体がオープンでなければ、人と協働的な作業はしにくい。声に張りがあるかないかで場の雰囲気も変わってくる。声は身体の代表的な表れである。

優れたリーダーは身体に勢いがあり、声に力がある。身体性のタイプは様々である。テンポの遅い人もいれば速い人もいる。落ち着いた身体性の人もいれば、反応が軽くスピーディーな身体性の人もいる。身体性のタイプはそれぞれ異なっていても、それが場を生産的にしているのであれば、どのようなものでもいい。

身体性の次元は通常はあまり学力として見なされることはない。しかし、身体の力は全ての学力の根底にあるものである。福沢諭吉は「まず獣身を成して、のちに人心を養う」というスローガンを教育の基本として掲げている。まずは獣のような健康な身体を作ることに専念する。思い切り遊び活動し、しっかりと食べて休養をとる。生き生きとした獣のような反応のいい身体を作ることが、何をおいても優先されるべきだという。そのような健全な身体性の上に立って、知力の養成や人としての心の養成があると、福沢は考えている。

つねに身体の次元を忘れないこと、これが真の問題解決能力にとって重要である。身体のエネルギーがあってはじめて、現実の問題に対処していくことができる。作家の村上春樹氏は自分がランニングを続けることについて、体力がなければ悪の面も含めた人間全体を描くことは難しいという趣旨のことを述べている。人間を深く描き長編の物語を紡ぐためには、体力が重要であり、それを鍛えるトレーニングを日課とする必要があるということだ。また、ｉＰＳ細胞でノーベル賞を受賞した山中伸弥教授も、ランニングを日課としているそうだ。科学研究を続けていく上でも、体力は必要になるのである。

知情意体の四つを総合的に育むことが、真の問題解決能力につながると考える。

## 「知仁勇」という三徳

東洋において生き方の基本となったものは儒教である。儒教の中でも、知情意に対応する三徳が推奨されている。その三徳が「知仁勇」である。論語には次のような有名な言葉がある。「知者は惑わず、仁者は憂えず、勇者は懼《おそ》れず」。しっかりと頭が働き知のある人は惑わない。人に対して誠意があり真心をもって接することができる優しい仁の心を持つ人は無駄な心配事は抱えない。勇気のある人は、困難を前にしても恐れることはない。この三徳をバランスよく兼ね備えていれば、素晴らしい人間性を持っているといえる。儒教の重要なテキストの一つである『中庸《ちゅうよう》』においても、知仁勇はどんな場合でもどこでも、踏み行なわなければならない最も大切な徳として、「三達徳《さんたつとく》」と呼ばれる。

論語の言葉は二千五百年ほど前のものだ。江戸時代の林羅山《らざん》も『三徳抄』において知仁勇の三徳の重要性を強調している。江戸時代の二百六十年間を通じて、知仁勇を三本柱とした人間形成が教育の軸となってきた。現在の日本で知仁勇という言葉を日常的に使う人は稀である。しかし言葉としては古いものであっても、その目指すところは、今でも十分に人間の核となりうるものではないだろうか。

このようなシンプルな標語で教育方針を貫くことは、じつは非常に有効である。知識としてわかっているというレベルではなく、幼い頃から標語として反復し、日々の生活をこの三徳に照らして反省する。それを規準として持つことで、つねに基本に立ち返ることができる。バランスのいい人格を形成し、他者との関係も良好に保つことができるなら、言葉の新しい・古いにこだわる必要はない。

## 三つの丹田

ここで私は、一つ提案をしておきたい。知仁勇をしっかりと身体に刻み込むために、「知」と言いながら眉間の上に軽く手を当てる。そして「仁」と言う時は両手を胸に当てる。そして「勇」と言う時はへその下に両手を当て、グッと下腹に力を込める。知仁勇という言葉と、身体の在り方をセットにして刻みこむ方法であり、知仁勇をそれぞれ身体の場所と対応させてつねに印象づけ、忘れないようにするものである。

この三つの場所は、いわゆる上丹田・中丹田・下丹田と対応している。東洋医学では、丹田とは不老不死の薬である丹薬を産する場所を意味し、通常はへその下の臍下《せいか》丹田を示す。しかし正確にいえば、丹田は上中下の三つ存在しているのである。

「知力」は身体部位のうちどこが象徴するかといえば、脳において知的活動をつかさどる前頭前野であろう。考え事をする時に眉間の少し上あたりに手を置くと集中しやすいという人がいるが、これは前頭前野に関係した自然な動きであろうと思われる。

次に、「仁」という、人に対する真心の感情を身体部位のどこが象徴しているかと考えると、それは胸が関係しているだろう。感動した時に胸が熱くなる、胸に手を当てて考えるなどの言い回しをすることが多い。胸を意識すればしっかりと自分の感情をとらえることができる。心配事があれば胸騒ぎがする。他人が苦しんでいればこちらの胸も痛む。真心や誠意を表す仁の場所は胸としてよいのではないだろうか。これは知情意における情が胸に対応すると考えてもいい。情は私たちの身体感覚では胸を中心としたあたりに感じられるものである。

三つめの「勇」を象徴する身体部位は、へその下の奥である。臍下丹田と呼ばれる場所は中国では古来から勇気の源泉とされてきた。身体技法の源流であるインドのヨーガにおいても、この場所は重要なエネルギーの貯蔵庫とされる。日本では、武士が「肚《はら》」を重要視したこともあり、臍下丹田が勇気を重んずる武の精神が宿る重要な場所であるとされた。

戦前の日本に滞在したドイツの学者デュルクハイムの『肚《はら》――人間の重心』という著書には、

日本人が肚というへそ下を人間の中心だと考え、行動規範の軸としてきたことが膨大な例証とともに指摘されている。臍下丹田に気力がこもっていることによって、「どんな困難を目の前にしてもくじけず最後までやり通そう」という粘り強さが維持される。

本気で問題解決を試みていく時には、自分の身の内に気力が湧き上がってくるのを感じるものだ。かつての日本では、「肚ができる」という言葉は覚悟、決心ができていることを意味し、「肚が大きい」といえば人間的な器が大きいことを意味した。腹を割るとか、腹を決める、といった言葉には本当の意志を見せることや覚悟を決めるといった意味が込められている。人間は単に頭で決めるのではなく、腹を意識して決めるのである。

私は、日本の文化は腰と腹を重視する腰腹文化であると信じている。腰と腹に人間の中心があり、そこで決断し実行していく、そのような身体感覚が日本の文化を支えてきた。

武道はもちろん、能や茶道、書道、歌舞伎、日本舞踊など様々な芸道において腰と腹が基本とされてきた。腰腹を軸として深い呼吸を維持する、臍下丹田を意識してする呼吸は丹田呼吸法と呼ばれる。吐く息を長くし、へそ下を意識する。この丹田呼吸法によって気持ちが落ち着き、意志の力が湧いてくる。知情意の意を身体の場所として探すのであれば、この臍下丹田ということになる。

知仁勇あるいは知情意をそれぞれ上丹田・中丹田・下丹田に対応させるという発想は新しいものではあるが、私たちにとって自然な感覚に基づいている。上丹田・中丹田・下丹田に手を置き、音とセットにして「知仁勇」もしくは「知情意」と声に出して言う。最後に臍下丹田にグッと手を置いた時に、ゆっくりと息を口をすぼめて吐く。このシンプルな一連の動作を行なうことによって、生きる力の基本をつねに全身で感じることができる。膨大な知識の氾濫の中で、人生の基本を自分の身体感覚とセットで身につけておくことは生きる力を支えてくれる。

**「問題解決」に不可欠なもの**

克服すべき問題を目の前にしたとき、知情意体の全てのバランスを整え、人としての総合力で取り組む。人と協力しあい、知力を発揮しあい、意志を共有する。身体に気力が湧き上がるのを感じながら、協働的に問題に対処していく活動は、深い達成感とともに幸福感をもたらすのである。

知識がなければ問題解決はできない。現実を変えるのはアイディアと行動である。そのアイディアを出す基本は、知識の組み合わせである。ジェームス・W・ヤングの『アイデアのつくり方』では「アイデアとは既存の要素の新しい組み合わせ以外の何ものでもない」とアイディアを定義している。知識が豊富であればあるだけ、組み合わせの発想も豊かに生まれてくる。これは第三章でみた、エジソンが知識を最重要視したことにも対応している。知識を体系的かつ効率的に習得する伝統的な学力観は、アイディアを生み出す上においても本来は有効なものである。専門的な知識に支えられていないアイディアは、単なる思いつきでしかない。現実を変えるアイディアに知識は大切な条件である。

ただし、知識があるからといってアイディアが出るとは限らない。むしろ、問題や困難を解決しよう、という切迫感があることが重要である。ジャック・フォスターの『アイデアのヒント』には、アイディアを生むためのアドバイスがある。具体的には「いま始めよう」「本気になろう」「締め切りを作ろう」「やるべきことをリストアップしよう」「アイデアを買ってくれる人がいないなら自分で売り出そう」「根気を持とう」などといったメッセージが書かれている。

これらのアドバイスは基本的には心構えを説いている。限られた時間の中で問題を解決しないといけないという切羽詰まった状況を設定して、とにかく考えを絞り出す。それがアイディアを出す際のリアリティである。

## アイディアと発想力

新しい学力の中心は問題解決能力であり、その核心は現実を変えるアイディアを生み出し行動することにある。実現可能でなおかつ有効なアイディアを提案し、他の人と協働して行動に移していき、現実に即して修正を加えていく。アイディア↓行動↓修正という循環が現実の問題を解決していく。そうしたアイディアや行動は切迫感のある当事者意識によって生まれる。追い込まれた時に発想は生まれる。ぼんやりと考えているだけではなく、必要に迫られ、期限を定められることで発想力が働きだす。

例えば授業で、「医療器具のMRIは子どもたちに嫌われている。泣き出す子どももいる。そこで、子どもたちが嫌がらない工夫を考えてほしい」という課題を出したことがある。これはTEDという、日本でも人気のあるアメリカのプレゼンテーション番組で紹介されていた問いだ。この問いを投げかけ、具体的なアイディアを出してもらう。すると、MRIの中でもお母さんの声が聞こえるようにするとか、音楽が聞こえるようにするといったアイディアが次々と出される。その中に、ディズニーランドのアトラクションのようにするというのも出てきたが、このアイディアは、実際に現場で行なわれた問題解決である。MRIをアトラクションのように装飾したところ、ある子どもは明日またやりたいと言ったそうだ。

このアイディアも、いま自分が医療の当事者であると想定して真剣に考えれば、普通の学生からも出てくるものだ。「自分は当事者なのだ」という想像力が問題解決のためのアイディア出しには不可欠である。いま困っている子どもがいて、それを何とかしたいと感じるのは情であり仁の心である。それを何とかしたい、何としてもアイディアを出して解決したいと思う気持ちは意志であり勇気である。そうした心構えを持って、既存の知識を動員して組み合わせる力が知力である。他のメンバーと知情意体をフル稼働させてアイディアを出し合いブラッシュアップする。そうして吟味されたアイディアは、現実をよりよくするものとなる。

つまり、アイディアを生むという行為もまた、知情意体、知仁勇の総合力によってなされるものだ。そうして、協働的な意思決定を経て行動に移される。行動する勇気がしっかりと体内のエネルギーとしてあることによって、現実はよりよい方向に変えられていく。漠然と問題解決型の学習をしているだけでは十分ではない。切迫感を持った当事者として、タイムリミットがある中でベターな案を追求していく。そうした緊迫感のある場を創り出すことが教師に求められる。

身体に基礎づけられた知情意体と知仁勇のもと、各分野の基本的・専門的知識の体系である伝統的な学力を、自ら積極的に学び発信する手法としてのアクティブ・ラーニングをとおして身につけることで、現実の社会にある問題を解決するアイディアを生み出し、他者と協働して、強い意志に基づき粘り強く、現実をよりよく変えていく。

この総合的な人間力こそが、真の問題解決力であり、私の考える「新しい学力」である。

## おわりに

教育を専門的に研究しはじめてから、すでに三十年以上が経った。子どもたちが伸びる教育とはどのようなものか、真に力となる学力とはどのようなものか。それを考え続け、教師の養成に従事してきた。

教育への情熱は尽きることなく、あふれ続けるのを感じている。知情意体の全てを授業に込め、楽しく過ごしている。授業は、私にとって毎回、エネルギーに満ちたクリエイティブな場、祝祭的な空間になっている。

これは不思議な感覚ではない。私と同じく教育を生涯の使命とする全国の先生方も同じ思いをお持ちのことと思う。職業倫理はもちろんのこと、それを超えた情熱が日々の教育実践を勢いあるものにする。

私は大学の教職課程で全学部の教師志望の学生に教育方法などを教えている。教え子の多くが教師として日々がんばっている。土日返上で部活動の面倒をみている。毎日学級通信を書く者もいる。生徒と一緒に笑い、泣き、まさに学園ドラマを生きている教師がたくさんいる。同時に、膨大な事務作業に忙殺されながら、保護者対応にエネルギーを割き、学校経営のための営業活動まで行なう。生徒指導の範囲も、人生相談にまで広がっている。授業準備のために割ける時間はどんどん少なくなっている。

そんな状況の中で日々奮闘努力している教師の方々の指針になれば、という思いで本書を書かせてもらった。

この本はぜひ親の立場にある人にも読んでほしい。教師たちがこれからいかに大変な課題をこなしていかなければならないかを、共感的に理解していただきたい。そして家の中でも、真の学力向上の意識を持ってもらえれば嬉しい。

本書では、「伝統的な学力」と「新しい学力」の統合の道を示した。例えるなら、前者は農耕的学力、後者は狩猟的学力ともいえる。これまでうまくやってきた農耕の段取りを、きちんと手を抜かずに継承・実践するのが農耕的学力だ。文化遺産の結晶である教科書をしっかり習得しミスをしない。これは立派な生きる力だ。

一方、変化の激しい状況の中でスピーディに頭と身体を働かせるのが狩猟的学力だ。その場その場で判断を迫られる、ワイルドで積極的な知性。これもまた現代社会を生きる力として身につけたい力である。

私たちは物質的に豊かで、退屈しない、高サービス社会を望み、自分たちにその分負荷(ストレス)をかけてもいる。このような状況を乗り切っていく地力がなければ、ストレスに負けてしまったり、社会からはじかれてしまうこともある。そうした「真の学力」をどのように身につけるかを本書全体で論じたが、最後にシンプルな一案を示したい。それは、「素読《そどく》」である。

難しいが内容の濃い古典を、声に出して身に刻み込む学習法が素読である。先生の音読をなぞるように復唱し、リズムとともに言葉を身体に入れる。情報としての言葉ではなく、生涯自分の身の内で生きて働く知恵としての言葉である。先生の解釈と思いは、言葉のリズムや抑揚に込められ、生徒の身体で再生される。

現在ひろく学校に取り入れられている「朝読《あさどく》」の時間を素読タイムに少しでも振り替えてもらえたらと願っている。十数年総合指導をしている、NHK・Eテレの「にほんごであそぼ」でも素読の精神を大切にしてきた。先人の魂のこもった言葉を身体に刻み込めば、一生の宝物になる。

日本人初のノーベル賞を受賞した湯川秀樹博士は、五、六歳から漢籍の素読を祖父と行なったという。「私の場合は、意味も分らずに入って行った漢籍が、大きな収穫をもたらしている。その後、大人の書物をよみ出す時に、文字に対する抵抗は全くなかった。漢字に慣れていたからであろう。慣れるということは怖《おそ》ろしいことだ。ただ、祖父の声につれて復唱するだけで、知らずしらず漢字に親しみ、その後の読書を容易にしてくれたのは事実である」(『旅人』)。

天才物理学者の例ではあるが、難しいものに対してもひるまない勇気を自然に慣れとして獲得するプラスは、一般人にも当てはまる。そして何よりも読書を苦にすることがなくなるのが最大の効果だ。本を読み、想像力を鍛えることは、文理を問わず、重要である。

湯川博士は、「私は自分の研究に、知・情・意の三つをふくむ全智全霊を打ちこみたかった」と書いている。この情熱こそが真の学力だと私は思う。そして、この全智全霊の構えの形成に、素読体験が役割を果たしていると私は考える。

急がば回れ。富士山の裾野は広い。

しっかりとした知情意体の土台を作ること。それが高水準の学力形成につながる。

この本では、学力観の潮流を大づかみに捉え、潮の変わり目を明らかにした。私たちが時代の当事者として、どのような価値観を持ち、どの道を行くべきなのか。それを考えるための基盤を提供できたならばうれしい。

本書を補完するものとしては、新しい意味を生みだす考える力については『考え方の教室』(岩波新書)を、教師に求められる資質・力量については『教育力』(同)を参照いただければ幸いである。

この本が形になるに当たっては、岩波書店編集部の古川義子さんから大きなご助力をいただきました。ありがとうございました。

二〇一六年十月

齋藤　孝

# 本書で引用・参照した主な文献

**▶諸資料**

学習指導要領，中央教育審議会答申，PISAやTIMSSの結果等については，適宜文部科学省ウェブサイト該当ページを参照した．そのほか，以下のような資料を参照・引用している．


PISA調査結果について（表1出典含む）：文部科学省・国立教育政策研究所作成『OECD生徒の学力到達度調査～2012年調査国際結果の要約～』（平成25〈2013〉年12月）

「新しい学力観」に基づく各教科の指導手引書として：文部省『小学校国語指導資料　新しい学力観に立つ国語科の学習指導の創造』（平成5〈1993〉年9月）／文部省『小学校理科指導資料　新しい学力観に立つ理科の授業の工夫』（平成7〈1995〉年10月）／文部省『小学校特別活動指導資料　新しい学力観に立つ特別活動の授業の工夫』（平成7〈1995〉年10月）

アクティブ・ラーニングについて：中央教育審議会初等中等教育分科会・教育課程部会教育課程企画特別部会『教育課程企画特別部会　論点整理』（平成27〈2015〉年8月26日）

大学入試の変革について：高大接続システム改革会議「最終報告」（平成28〈2016〉年3月31日）

東京大学の入試問題について：東京大学ウェブサイト掲載「平成28年度第2次学力試験試験問題・地理歴史」中の「世界史第1問」

総合的な学習の時間について：文部科学省・国立教育政策研究所・教育課程研究センター『総合的な学習の時間における評価方法等の工夫改善のための参考資料【小学校】』平成23年11月


**▶主な引用文献（登場順）**


豊田正子，山住正己編『新編綴方教室』岩波文庫，1995

ドラッカー，野田一夫・川村欣也訳『経営者の条件』ダイヤモンド社，1966

フランクリン，松本慎一・西川正身訳『フランクリン自伝』岩波

文庫，1957(表2出典含む)
渋沢栄一『論語と算盤』国書刊行会，1985
夏目漱石「道楽と職業」『漱石全集』第11巻，岩波書店，1966
ピーター・M・センゲ，枝廣淳子他訳『学習する組織――システム思考で未来を創造する』英治出版，2011(表3出典含む)
野中郁次郎・竹内弘高著，梅本勝博訳『知識創造企業』東洋経済新報社，1996
デカルト，谷川多佳子訳『方法序説』岩波文庫，1997
ニール・ボールドウィン，椿正晴訳『エジソン――20世紀を発明した男』三田出版会，1997
ルソー，今野一雄訳『エミール』(上)，岩波文庫，1962
文部省『民主主義――文部省著作教科書』径書房，1995
J. デューイ，宮原誠一訳『学校と社会』岩波文庫，1957
J. デューイ，市村尚久訳『経験と教育』講談社学術文庫，2004
海原徹『吉田松陰と松下村塾』ミネルヴァ書房，1990
森田吉彦『兵学者吉田松陰――戦略・情報・文明』ウェッジ，2011
徳富蘇峰『吉田松陰』岩波文庫，1981
ルネ・ジラール，古田幸男訳『欲望の現象学――文学の虚偽と真実』法政大学出版局，1971
西尾実他校注『新訂徒然草』岩波文庫，1928
福沢諭吉『学問のすゝめ』岩波文庫，1942
福沢諭吉，富田正文校訂『新訂福翁自伝』岩波文庫，1937
勝海舟，江藤淳・松浦玲編『氷川清話』講談社学術文庫，2000
カールフリート・デュルクハイム，下程重吉監修，落合亮一他訳『肚――人間の重心』麗澤大学出版会，2003
ジェームス・W・ヤング，今井茂雄訳『アイデアのつくり方』TBSブリタニカ，1988
ジャック・フォスター，青島淑子訳『アイデアのヒント』TBSブリタニカ，2003(新装版)
湯川秀樹『旅人――ある物理学者の回想』角川文庫，2011(改版)

齋藤 孝

1960年静岡県生まれ．1985年東京大学法学部卒業．東京大学大学院教育学研究科博士課程を経て
現在─明治大学教授
専門─教育学，身体論，コミュニケーション論
著書─『教育力』『コミュニケーション力』『読書力』『古典力』『考え方の教室』(以上，岩波新書)
『声に出して読みたい日本語』シリーズ(草思社)
『三色ボールペンで読む日本語』(角川書店)
『質問力』『段取り力』『コメント力』(ちくま文庫)他多数

新しい学力　　岩波新書(新赤版)1628

2016年11月18日　第1刷発行
2017年5月15日　第4刷発行

著　者　齋《さい》藤《とう》 孝《たかし》

発行者　岡本 厚

発行所　株式会社 岩波書店
〒101-8002 東京都千代田区一ツ橋2-5-5
案内 03-5210-4000　営業部 03-5210-4111
http://www.iwanami.co.jp/

新書編集部 03-5210-4054
http://www.iwanamishinsho.com/

印刷・三陽社　カバー・半七印刷　製本・中永製本


ISBN 978-4-00-431628-2　　Printed in Japan

# 岩波新書新赤版一〇〇〇点に際して

ひとつの時代が終わったと言われて久しい。だが、その先にいかなる時代を展望するのか、私たちはその輪郭すら描きえていない。二〇世紀から持ち越した課題の多くは、未だ解決の緒を見つけることのできないままであり、二一世紀が新たに招きよせた問題も少なくない。グローバル資本主義の浸透、憎悪の連鎖、暴力の応酬——世界は混沌として深い不安の只中にある。

現代社会においては変化が常態となり、速さと新しさに絶対的な価値が与えられた。消費社会の深化と情報技術の革命は、種々の境界を無くし、人々の生活やコミュニケーションの様式を根底から変容させてきた。ライフスタイルは多様化し、一面では個人の生き方をそれぞれが選びとる時代が始まっている。同時に、新たな格差が生まれ、様々な次元での亀裂や分断が深まっている。社会や歴史に対する意識が揺らぎ、普遍的な理念に対する根本的な懐疑や、現実を変えることへの無力感がひそかに根を張りつつある。そして生きることに誰もが困難を覚える時代が到来している。

しかし、日常生活のそれぞれの場で、自由と民主主義を獲得し実践することを通じて、私たち自身がそうした閉塞を乗り超え、希望の時代の幕開けを告げてゆくことは不可能ではあるまい。そのために、いま求められていること——それは、個と個の間で開かれた対話を積み重ねながら、人間らしく生きることの条件について一人ひとりが粘り強く思考することではないか。その営みの糧となるものが、教養に外ならないと私たちは考える。歴史とは何か、よく生きるとはいかなることか、世界そして人間はどこへ向かうべきなのか——こうした根源的な問いとの格闘が、文化と知の厚みを作り出し、個人と社会を支える基盤としての教養となった。まさにそのような教養への道案内こそ、岩波新書が創刊以来、追求してきたことである。

岩波新書は、日中戦争下の一九三八年一一月に赤版として創刊された。創刊の辞は、道義の精神に則らない日本の行動を憂慮し、批判的精神と良心的行動の欠如を戒めつつ、現代人の現代的教養を刊行の目的とする、と謳っている。以後、青版、黄版、新赤版と装いを改めながら、合計二五〇〇点余りを世に問うてきた。そして、いままた新赤版が一〇〇〇点を迎えたのを機に、人間の理性と良心への信頼を再確認し、それに裏打ちされた文化を培っていく決意を込めて、新しい装丁のもとに再出発したいと思う。一冊一冊から吹き出す新風が一人でも多くの読者の許に届くこと、そして希望ある時代への想像力を豊かにかき立てることを切に願う。

（二〇〇六年四月）

## 岩波新書より

### 教育

| | |
|---|---|
| 学校の戦後史 | 木村元 |
| 保育とは何か | 近藤幹生 |
| 中学受験 | 横田増生 |
| いじめ問題をどう克服するか | 尾木直樹 |
| 思春期の危機をどう見るか | 尾木直樹 |
| 子どもの危機をどう見るか | 尾木直樹 |
| 教育委員会 | 新藤宗幸 |
| 先生！ | 池上彰編 |
| 教師が育つ条件 | 今津孝次郎 |
| 大学とは何か | 吉見俊哉 |
| 赤ちゃんの不思議 | 開一夫 |
| 日本の教育格差 | 橘木俊詔 |
| 社会力を育てる | 門脇厚司 |
| 子どもの社会力 | 門脇厚司 |
| 子どもが育つ条件 | 柏木惠子 |
| 障害児教育を考える | 茂木俊彦 |
| 誰のための「教育再生」か | 藤田英典編 |
| 教育改革 | 藤田英典 |
| 教育力 | 齋藤孝 |
| 学力を育てる | 志水宏吉 |
| 幼児期 | 岡本夏木 |
| 子どもとことば | 岡本夏木 |
| 教科書が危ない | 入江曜子 |
| 「わかる」とは何か | 長尾真 |
| 学力があぶない | 大野晋<br>上野健爾 |
| ワークショップ | 中野民夫 |
| ニューヨーク日本人教育事情 | 岡田光世 |
| 子どもとあそび | 仙田満 |
| 子どもと学校 | 河合隼雄 |
| 子どもと自然 | 河合雅雄 |
| 子どもの宇宙 | 河合隼雄 |
| 教育とは何か | 大田堯 |
| からだ・演劇・教育 | 竹内敏晴 |
| 教育入門 | 堀尾輝久 |
| 日本教育小史 | 山住正己 |
| ある小学校長の回想 | 金沢嘉市 |
| 自由と規律 | 池田潔 |
| 私は二歳 | 松田道雄 |
| 私は赤ちゃん | 松田道雄 |

## 岩波新書より

### 言語

ものの言いかた西東　小林隆／澤村美幸
ことば遊びの楽しみ　阿刀田高
日本語スケッチ帳　田中章夫
日本語雑記帳　田中章夫
日本語の考古学　今野真二
辞書の仕事　増井元
実践 日本人の英語　マーク・ピーターセン
心にとどく英語　マーク・ピーターセン
日本人の英語 正・続　マーク・ピーターセン
ことばの力学　白井恭弘
外国語学習の科学　白井恭弘
百年前の日本語　今野真二
女ことばと日本語　中村桃子
テレビの日本語　加藤昌男
英語で話すヒント　小松達也
仏教漢語50話　興膳宏
漢語日暦　興膳宏

語感トレーニング　中村明
曲り角の日本語　水谷静夫
日本語の古典　山口仲美
日本語の歴史　山口仲美
日本語と時間　藤井貞和
ことばと思考　今井むつみ
漢文と東アジア　金文京
日本語の源流を求めて　大野晋
日本語の教室　大野晋
日本語練習帳　大野晋
日本語の起源〔新版〕　大野晋
日本語の文法を考える　大野晋
名前と人間　田中克彦
言語学とは何か　田中克彦
ことばと国家　田中克彦
英文の読み方　行方昭夫
漢字伝来　大島正二
漢字と中国人　大島正二
日本の漢字　笹原宏之
ことばの由来　堀井令以知

コミュニケーション力　齋藤孝
聖書でわかる英語表現　石黒マリーローズ
言語の興亡　R・M・W・ディクソン／大角翠 訳
中国現代ことば事情　丹藤佳紀
ことば散策　山田俊雄
日本人はなぜ英語ができないか　鈴木孝夫
教養としての言語学　鈴木孝夫
日本語と外国語　鈴木孝夫
ことばと文化　鈴木孝夫
日本語ウォッチング　井上史雄
日本の方言　柴田武
日本語〔新版〕上・下　金田一春彦
日本語の構造　中島文雄
かな その成立と変遷　小松茂美
ことばとイメージ　川本茂雄
外国語上達法　千野栄一
記号論への招待　池上嘉彦
翻訳語成立事情　柳父章

## 岩波新書より

### 環境・地球

| | |
|---|---|
| 異常気象と地球温暖化 | 鬼頭昭雄 |
| エネルギーを選びなおす | 小澤祥司 |
| 欧州のエネルギーシフト | 脇阪紀行 |
| グリーン経済最前線 | 井田徹治 末吉竹二郎 |
| 低炭素社会のデザイン | 西岡秀三 |
| 環境アセスメントとは何か | 原科幸彦 |
| 生物多様性とは何か | 井田徹治 |
| キリマンジャロの雪が消えていく | 石弘之 |
| 地球環境報告 | 石弘之 |
| 地球環境報告 II | 石弘之 |
| 酸性雨 | 石弘之 |
| イワシと気候変動 | 川崎健 |
| 森林と人間 | 石城謙吉 |
| 世界森林報告 | 山田勇 |
| 国土の変貌と水害 | 高橋裕 |
| 地球の水が危ない | 高橋裕 |
| 地球持続の技術 | 小宮山宏 |
| 山の自然学 | 小泉武栄 |
| 山への挑戦 | 堀田弘司 |
| 地球温暖化を防ぐ | 佐和隆光 |
| 地球環境問題とは何か | 米本昌平 |
| 水俣病は終っていない | 原田正純 |
| 水俣病 | 原田正純 |

### 情報・メディア

| | |
|---|---|
| 鈴木さんにも分かるネットの未来 | 川上量生 |
| 世論調査とは何だろうか | 岩本裕 |
| NHK〔新版〕 | 松田浩 |
| 震災と情報 | 徳田雄洋 |
| デジタル社会はなぜ生きにくいか | 徳田雄洋 |
| メディアと日本人 | 橋元良明 |
| 本は、これから | 池澤夏樹編 |
| インターネット新世代 | 村井純 |
| インターネット | 村井純 |
| ジャーナリズムの可能性 | 原寿雄 |
| ITリスクの考え方 | 佐々木良一 |
| ユビキタスとは何か | 坂村健 |
| ウェブ社会をどう生きるか | 西垣通 |
| IT革命 | 西垣通 |
| 報道被害 | 梓澤和幸 |
| メディア社会 | 佐藤卓己 |
| 現代の戦争報道 | 門奈直樹 |
| 未来をつくる図書館 | 菅谷明子 |
| メディア・リテラシー | 菅谷明子 |
| インターネット術語集 II | 矢野直明 |
| 広告のヒロインたち | 島森路子 |
| フォト・ジャーナリストの眼 | 長倉洋海 |
| 戦中用語集 | 三國一朗 |
| 職業としての編集者 | 吉野源三郎 |

## 岩波新書より

### 宗教

高野山　松長有慶
密教　松長有慶
マルティン・ルター　徳善義和
教科書の中の宗教　藤原聖子
『教行信証』を読む 親鸞の世界へ　山折哲雄
親鸞をよむ　山折哲雄
国家神道と日本人　島薗進
聖書の読み方　大貫隆
寺よ、変われ　高橋卓志
日本宗教史　末木文美士
法華経入門　菅野博史
イスラム教入門　中村廣治郎
ジャンヌ・ダルクと蓮如　大谷暢順
キリスト教と笑い　宮田光雄
モーセ　浅野順一
蓮如　五木寛之
仏教入門　三枝充悳
お伊勢まいり　西垣晴次
慰霊と招魂　村上重良
国家神道　村上重良
お経の話　渡辺照宏
日本の仏教　渡辺照宏
仏教〔第二版〕　渡辺照宏
内村鑑三　鈴木範久
親鸞　野間宏
禅と日本文化　鈴木大拙 北川桃雄訳

### 心理・精神医学

トラウマ　宮地尚子
自閉症スペクトラム障害　平岩幹男
自殺予防　高橋祥友
だます心 だまされる心　安斎育郎
痴呆を生きるということ　小澤勲
〈こころ〉の定点観測　なだいなだ編著
純愛時代　大平健
やさしさの精神病理　大平健
豊かさの精神病理　大平健
快適睡眠のすすめ　堀忠雄
精神病　笠原嘉
生涯発達の心理学　高橋惠子 波多野誼余夫
心病める人たち　石川信義
コンプレックス　河合隼雄
日本人の心理　南博

## 岩波新書より

短編小説礼讃　阿部昭
四谷怪談　廣末保
中国の妖怪　中野美代子
徒然草を読む　永積安明
万葉群像　北山茂夫
茂吉秀歌 上・下　佐藤佐太郎
アメリカ感情旅行　安岡章太郎
読書論　小泉信三
日本の近代小説　中村光夫
日本の現代小説　中村光夫
抵抗の文学　加藤周一
芭蕉句抄　小宮豊隆
平家物語　石母田正
中国文学講話　倉石武四郎
新唐詩選　吉川幸次郎 三好達治
文学入門　桑原武夫
万葉秀歌 上・下　斎藤茂吉